Von hier zu Fuß

Die Sicherheitsbestimmungen sind bekanntlich in Deutschland besonders streng, und das Sicherheitsbedürfnis der Deutschen ist so berühmt wie ihre Automobile und Reisebusse. Letztere sind ein Exportschlager in Osteuropa. Dort gibt es fast keinen Reisebus ohne deutsche Aufschrift. So liest man mitten im Kaukasus „Schwarzwaldreisen, Todtmann, Höllental". Erstaunlich, dass ein Unternehmen mit diesem Namen florieren konnte.

Ähnliches denken wohl die Herren, die sich unauffällig um den Schwarzwaldreisebus drücken und mit einem Eurostück das Reifenprofil prüfen. Zwei Zentimeter tief soll es sein, argumentiert ein Experte auf diesem Gebiet. Sein Kollege kriecht halb unter den Bus, um zu prüfen, ob wenigstens die Bremsen funktionieren. Der Reisebus, soweit ist sich die Gruppe einig, stammt mit Sicherheit noch aus dem letzten Jahrtausend. Ein Anruf bei der Agentur hilft auch nicht weiter. Ein anderer Bus sei im Moment nicht zu haben, Hochsaison, tut uns leid. Der Busfahrer schaut ausdruckslos und bittet uns mit einer Handbewegung, einzusteigen.

Sicherheitsgurte gibt es nicht, und wo es sie gibt, in den ersten Sitzreihen, sind sie ausgeleiert oder verklemmt. Dafür allerdings kleben jede Menge

Heiligenbildchen im Cockpit unseres Reisebusses. Die gesamte Deesis: Die Muttergottes und Johannes der Täufer flehen den in ihrer Mitte thronenden Christus um Beistand an. Der Heilige Nikolaus hebt seine segnende Hand. Am Rückspiegel schwankt das Ninokreuz bei jeder Bodenwelle. Und als wollte er keinen Zweifel daran lassen, dass wir höheren Schutzes bedürfen, bekreuzigt sich unser Fahrer, ein beleibter Kaukasier mit den Oberarmen eines Ringers, ehe er in einen finsteren Tunnel fährt - und wir heimlich auch.

Nun ist der Kaukasus etwa viermal so hoch wie der Schwarzwald. Bald hat sich die ganze Straße in einen besseren Feldweg verwandelt, durchzogen von Asphaltresten und tiefen Rillen, die ukrainische Vierzigtonner, die ihre Fracht über den 2500 Meter hohen Pass transportieren, immer noch weiter ausfahren. Um voranzukommen, fahren wir in Schlangenlinien die Serpentine hinauf, vorsichtig, um in den nach innen geneigten Kurven nicht aufzusetzen. Mit seinen abgefahrenen Reifen balanciert unser Fahrer geschickt am Abgrund entlang. Statt Nörgelei herrscht ehrfürchtige Stille im Bus.

Ausgerechnet, als wir unseren Fahrer ob der gemeinsam durchstandenen Lebensgefahr ins Herz geschlossen haben und uns bei einem gemeinsamen Imbiss in einem Bergrestaurant von den Strapazen erholen - Geheimtipp unseres Busfahrers natürlich - ruft die Agentur an. Wir bekommen einen neuen Bus, er steht schon auf dem Parkplatz unten im Tal. Ein nagelneuer Mercedes Bus, leuchtend weiß wie eine Erscheinung. Reifenprofil, Klimaanlage, Bordcomputer, alles tadellos. Er könnte in der Innenstadt von Stuttgart stehen. Nicht einmal ein Werbeschriftzug verunstaltet den Lack. Unser Fahrer wirft nur einen Blick auf das chromblitzende Modell, dann verabschiedet er sich mit einem Achselzucken. Wenn ihr unbedingt meint, scheint sein Blick zu sagen. Etwas wehmütig winken wir ihm nach.

Der neue hat keine Heiligenbildchen im Cockpit kleben, dafür sind Sicherheitsgurte vorhanden, die Klimaanlage funktioniert. Die Straße ist relativ eben und glatt, dafür rücken die Felswände immer steiler in die Höhe. Wir lehnen uns in den gepolsterten Sitzen zurück und genießen die spektakuläre Aussicht. Da hält der Bus plötzlich an. Was ist los? Er weist auf ein Schild. Steinschlaggefahr. Na und? Wir haben schon ganz andere Gefahren hinter uns. Wir wollen weiter! Er verschränkt die Arme. Nichts zu machen, kein Bitten, kein Drohen hilft. Er habe nicht vor, seinen nagelneuen Bus zu ruinieren. Wer möchte, gehe zu Fuß weiter. Bitteschön. Wer will, kann aber auch im klimatisierten Bus sitzen bleiben.

Sicherheit geht vor. Allerdings nur beim Bus. Dass wir unser Leben riskieren, wenn wir im Gänsemarsch die Steilwand entlang spazieren, kümmert ihn nicht. Wir sind noch nicht weit gekommen, da fährt unter Hupen ein Bus vorbei. Schon von weitem erkennen wir den grünen Schriftzug „Schwarzwaldreisen, Todtmann. Höllental". Wir rudern mit den Armen. Er bremst ab, grüßt, hält nicht an. Eine fremde Gruppe winkt uns im Vorbeifahren zu.

Zwei, eins, meins

Gute Nachrichten für all diejenigen, die nicht wissen, wie sie sich die Wartezeit am Flughafen verkürzen sollen. Die Lufthansa hat sich zur Unterhaltung ihrer Fluggäste etwas Neues ausgedacht. Eine Sitzplatzversteigerung, die echten Nervenkitzel verheißt! Wie gewohnt gehen Sie erst einmal zum Ticketautomaten und drucken sich eine Bordkarte aus. Jetzt aufgepasst: Wenn auf dieser Karte eine Sitzplatznummer steht, ist alles wie gehabt. Halten Sie jedoch eine Bordkarte in der Hand, auf der anstatt einer Sitzplatznummer nur zwei Kreuze oder eine Leerstelle sind, dann wird es ernst.

Die Stewardess am Gate wirft den Computer an. Sitzplätze gebe es leider im Moment nicht. „Warten Sie bitte, bis wir uns melden." Ein kurzer Blick in die Runde: Man scheint nicht allein zu sein. Während die meisten Fluggäste sich ruhig in den Sitzen zurücklehnen, gelangweilt in der Zeitung blättern oder auf eine weitere Pirsch in die Läden gehen, rutschen andere unruhig hin und her, immer den Computer im Auge. Kaum ist die Stewardess einen Augenblick allein, springen sie auf und eilen zu ihr: Eine Dame führt ein Herzleiden an. Ein junger Mann einen Termin auf dem Standesamt. Ein Damenquartett zeigt unter Tränen die Tickets fürs Bolschoi Theater am Abend vor. Ein Herr schiebt einen Schein über die Theke. Es wird geweint, gefleht, gedroht. Aber es hilft alles nichts. Erst als das Check-in längst beendet ist, greift die Stewardess zum Mikrofon und bietet jedem Fluggast, der auf seinen Flug verzichtet und stattdessen die Abendmaschine nimmt, dreihundert Euro in bar an. Keiner rührt sich. Zehn Minuten später wiederholt die Dame das Angebot, diesmal auf Deutsch und Englisch. Nach kurzem Zögern erhebt sich ein einzelner Herr, geht zu ihr und lässt sich dreihundert Euro in bar auszahlen. Zahllose Augenpaare verfolgen die Transaktion. Die Sache ist also ernst gemeint.

Die Stewardess fordert zu erneuter Pass-kontrolle und Boarding auf. Wer allerdings versucht, sich ohne die magische Sitzplatz-nummer durchzumogeln, wird erbarmungslos zurückgeschickt. Es sind zehn, und sie sind sehr blass. So blass, dass auch die Stewardess ein Einsehen hat. Nach einem kurzen Telefonat mit ihrem Chef erhöht sie auf vierhundert Euro - inklusive eines Glases Champagner und eines 3-Gänge-Menüs im Flughafenrestaurant. Endlich kommt der Handel in Schwung. Die Dame mit dem Herzleiden kriegt als erste einen Platz. Dann ist das Damenquartett mit den Bolschoikarten dran. Ein schüchternes älteres Ehepaar, das zu einer Reisegruppe gehört, darf mitfliegen, ebenso ihr Reiseleiter, der sich in letzter Minute als sitzplatzlos geoutet hat. Der Herr, der eben noch bestechen wollte, droht: „Das wird ein Nachspiel haben." Bleibt nur noch der Bräutigam. Er nimmt das Geld, bekommt allerdings eine Flasche Champagner dazu - zum Trost, „Sie verstehen", lächelt die Stewardess.

Wandern in Stöckelschuhen

Es gibt nicht mehr viele Sportarten, die allein den Frauen vorbehalten sind. Handtaschenweitwurf zum Beispiel. Ein beliebter Sport im Rheinland. Allerdings hat sich da kürzlich ein Mann darunter gemogelt und prompt den ersten Preis gewonnen.

Oder Wandern in Stöckelschuhen. Darin sind die Frauen Osteuropas ungekrönte Meisterinnen. Dabei gilt nur eine Spielregel: Je höher, desto besser. Zehn Zentimeter Keilabsatz werden noch durch ein Plateau in luftige Höhen gehoben, und immer noch bewegen sich die Damen aus Kiew und Moskau völlig schwindelfrei. Auf Stöckelschuhen umschiffen sie souverän die heimtückischen Ritzen im Kopfsteinpflaster, ohne auch nur einmal zu Boden zu sehen. Sie sinken ohne mit der Wimper zu zucken auf einem sandigen Platz in der Steppe zentimetertief ein, ohne das Gleichgewicht zu verlieren. Im Notfall gehen sie sogar wandern damit, ja auch das!

Ukrainische und russische Frauen sind nicht zimperlich. Sie sind es gewohnt, in Stöckelschuhen kilometerweit zur Metro zu gehen, sie tragen Seidenstrümpfe bei minus 40 Grad, und sie wechseln auch beim Aufstieg auf einen Gipfel nicht extra ihre Schuhe. Unter den staunenden Blicken der ausländischen Touristen klettern sie stoisch über Felsbrocken und Geröll, als hätten sie sich nur kurz von der Strandpromenade entfernt. Gibt es keine Wanderschuhe in Moskau oder Sewastopol? Sind Turnschuhe in diesem Sommer ausverkauft? Muss man wirklich mit zehn Zentimeter hohen Absätzen einen Berg hinaufsteigen? - Ja, man muss. Nur hier, auf dem Gipfel des Ai Petri lässt sich Weiblichkeit unter widrigsten Umständen demonstrieren. Souveränität auf höchstem Niveau. - Zugegeben, für eine Bergtour wird statt des Pfennigabsatzes der Blockabsatz gewählt. Aufwärts ist das sogar praktisch, wird der Neigungswinkel am Berg durch den Absatz doch nahezu ausgeglichen. Beim Abwärtsgehen dreht sich das Verhältnis jedoch um, und die Schöne droht kopfüber in die Tiefe zu stürzen. - Wenn es nicht eben jene unauffälligen Begleiter gäbe, die bis zu diesem Augenblick ganz und gar überflüssig schienen. Sie haben teigige Gesichter, Bauchansatz und dünnes Haar und schlappen in ausgelatschten Turnschuhen neben oder hinter den langbeinigen Gazellen, denen sie gerademal bis zur Schulter reichen. Jetzt endlich, als hätten sie nur auf diesen Moment gewartet, entfaltet sich ihr Talent, kommen sie zu ihrer eigentlichen Bestimmung, wachsen sie über sich selbst hinaus. Er reicht ihr seine Hand. Sie umklammert sie. Rührend hilflos wird sie von ihm geschoben und gestützt, und wenn es brenzlig wird, trägt der Kavalier sie sogar. Selbst unsere Begleiter können den Blick nicht von diesem Schauspiel abwenden. Ein nachsichtiges Lächeln umspielt ihre Lippen. Was mischt sich alles in diesem Blick? Hochachtung, Sehnsucht, Nostalgie? Eines ist klar: Auch sie warten nur auf ein Straucheln, um zur Hilfe zu eilen.

PS: Sollten auch Sie sich in dieser Sportart versuchen wollen, ein Tipp: Für den äußersten Notfall, wenn der Fuß schon von Pflastern übersät ist, gibt es eine Alternative zum Stöckelschuh: Badeschlappen. Sie passen in jede Handtasche hinein, und auch sie sollten bei jeder Gelegenheit getragen werden. Auf der Promenade oder beim Wandern. Ja, auch und gerade da.

Ihre Identität ist unvollständig

Meine Freundin in Kanada gab mir den Tipp. Ich suchte noch eine Unterkunft für die Rückreise, aber meine Urlaubskasse war leer. Sie empfahl mir Airbnb, preiswerte Privatunterkünfte, übers Internet zu buchen. Binnen kurzem habe ich eine nette Wohnung gefunden. Ich schicke eine Anfrage los.

Jetzt musst du nur noch einen Account anmelden, sagt das Programm. Kein Problem, denke ich. Ich gebe also meinen Namen, Passwort und E-Mail-Adresse in die entsprechenden Fenster ein. Kreditkartendaten ebenfalls. Sie wollen sogar einen Scan meines Reisepasses. Auch das kriege ich hin. Leider reicht das noch nicht. Sie verlangen zur Verifizierung ein aktuelles Photo von mir. Hey, habt ihr nicht grade mein Passphoto gesehen? Es hilft nichts. Ich lächle leicht angestrengt in die Kamera, lade das Bild hoch. Aber schon fünf Sekunden später erfahre ich, dass meine Verifizierung noch nicht vollständig sei. Sie fragen mich nach meiner Online-Identität, damit meine potentielle Gastgeberin mich kennenlernen könne. Einen Facebook-Account habe ich. Dennoch zögere ich. Jahrelang habe ich meine Daten geschützt, und jetzt lade ich hier bedenkenlos innerhalb von wenigen Minuten alles hoch?

Noch einmal schaue ich mir die Hotelpreise in Toronto an, dann tue ich, was von mir verlangt wird. Zu meinem Erstaunen reicht das immer noch nicht. Mein Facebook-Account sei zu wenig aktiv. Jetzt bin ich empört. Immerhin habe ich 70 „Freunde" dort, das sind zwar weniger als meine Nichten sie haben und viel weniger als der Papst, aber immerhin gibt es sie. Für eine Verifizierung schlagen sie mir als letzten Ausweg vor, ein Profilvideo von mir zu machen. 30 Sekunden lang. Ich schalte die Videokamera ein. Mein Lächeln ist schon weniger echt. 30 Sekunden lang preise ich meine Vorzüge an, dann lade ich das Video auf die Airbnb-Seite hoch, vielmehr versuche es hochzuladen, es klappt nämlich nicht. Minuten lang sehe ich einen grünen Balken in der Mitte des Bildschirms.

Ich beginne von vorn. Alles gebe ich nochmal ein, Name, Passwort, E-Mail. Mein Pass-Scan ist noch in der Ablage, das Photo ebenfalls, wieder verbinde ich die Seite zähneknirschend mit meinem Facebook-Account und sogar mit Linkedin. Ihre Online-Identität ist unvollständig, lese ich nur noch wenig erstaunt. Aber es gibt ja noch das Video. Wieder versuche ich, es hochzuladen. Nichts. Die Typen wollen mich einfach nicht. Dabei findet, wer meinen Namen googelt, mehr Photos von mir, als mir lieb ist, ich existiere, kapiert ihr das nicht? Ich verliere all meine Freundlichkeit und schimpfe wie ein Rohrspatz in die Kamera hinein, stoße wilde Drohungen aus, 30 Sekunden lang, dann lade ich hoch. Diesmal funktioniert das Programm. Die Reaktion interessiert mich nicht mehr, ich klappe den Laptop zu.

Einen Tag später finde ich ein nettes Mail meiner zukünftigen Vermieterin in meiner Post. Ich bin erstaunt. Sie hat mich als Gast akzeptiert. Seitdem kann ich regelmäßig mit Airbnb verreisen, ich bin Teil der Gemeinschaft, gehöre jetzt dazu, lebe in fremden Wohnungen wie zuhause, gebe Empfehlungen ab und bekomme im Gegenzug welche. Meine Reputation steigt. Vielleicht schaffe ich es eines Tages sogar zum Supergast?

Falsch programmiert

Statt des guten alten Hotelschlüssels gibt es an der Rezeption Plastikkärtchen. Man hält sie ans Türschloss, auf ein grünes Lichtsignal folgt ein Summen. Die Tür geht auf – oder auch nicht. Also zurück zur Rezeption, Karte neu aufladen, aufs Neue probieren. Das ist ärgerlich, zumal wenn es spät in der Nacht ist und man lange gefeiert hat und nur ins Bett fallen möchte. Andererseits sind die elektronischen Schlüsselkarten ökologisch sinnvoll, denn sie sparen Strom. Im Zimmer gehen die Lichter automatisch aus, wenn man die Karte aus dem dafür vorgesehenen Schlitz zieht. Und sollte er einmal verloren gehen, hat das Hotel immer einen Ersatzschlüssel parat. Er muss nur neu programmiert werden. Aber gerade da liegt die Tücke im Detail.

Man kommt zum Beispiel etwas angeheitert spätabends ins Hotel zurück, hält die Karte ans Schloss, die Tür geht auf. Spätestens jetzt weiß man, dass man richtig ist. Man tastet sich ins finstere Zimmer, steckt die Karte in den Schlitz. Hält inne. Irgendetwas ist merkwürdig. Ein seltsamer Geruch liegt in der Luft, es riecht definitiv nach Rauch. Das Bett ist zerwühlt. Am Stuhl hängt ein Herrenjackett. Eine zerdrückte Kippe im Aschenbecher. Eine Packung Zigaretten, Marke National, eine Kreditkarte und ein Führerschein liegen auf

dem Tisch. Die Balkontür ist geschlossen. Der Eindringling muss durch die Tür gekommen sein. Das
Zimmer ist jedoch definitiv meins, denn auf dem
Nachttisch liegt mein angelesener Liebesroman.
Ich hole Luft und mache die Badezimmertür auf.
Im Waschbecken liegt meine Zahnpastatube. Zer-
drückt. Sonst nichts. Gestohlen wurde nichts. Nur
einiges zurückgelassen. Ein Callboy kann es kaum
gewesen sein, Geschenk wohlmeinender Freundinnen, denn der Herr hat die siebzig schon über-
schritten, ich sehe es auf dem Führerschein.

Ich sammle die fremden Utensilien ein und
bringe sie zur Rezeption. Ich bin nicht die Einzige,
die nächtens hier steht. Nebenan wurde die
Minibar geleert. Der Eindringling sei, so wird uns
erklärt, der verwirrte Seniorchef. Er wohne direkt
unter mir und habe einfach das Stockwerk
verwechselt. Aha. Hat er etwa einen
Generalschlüssel? Beredtes Schweigen. Am
nächsten Abend öffne ich mit einem mulmigen
Gefühl die Tür. Ich nehme mir zur Sicherheit
Begleitung mit. Diesmal steht eine Flasche
Champagner auf dem Tisch - mit einer
Entschuldigung des Hotelmanagers. Wir trinken
die Flasche gemeinsam aus. Geschlafen habe ich
trotzdem schlecht.

Damit, so könnte man meinen, ist die
Geschichte vorbei. Am nächsten Abend wartet
jedoch eine weitere Überraschung auf mich. Als

ich die Schlüsselkarte in den dafür vorgesehenen Schlitz stecken will, ist da schon eine. Hat sie das Zimmermädchen vergessen, oder ist das eine weitere Aufmerksamkeit des Hotels? Ein Generalschlüssel als Entschädigung? Ich gehe in den Flur und probiere es einfach nebenan. Grünes Licht, ein Summen ertönt, die Tür geht auf. Das Zimmer ist identisch mit meinem. Bett, Tisch, Stuhl, Badezimmer, alles am selben Platz. Es könnte theoretisch auch mein Zimmer sein. Ich bin Nichtraucherin, also keine National. Stattdessen leere ich die Minibar. Probeweise lege ich mich unter die weiße Bettwäsche. Halt, erst Zähneputzen. Die Zahnpasta allerdings schmeckt nach Lakritze und nicht nach Pfefferminz. Wenn Sie das nächste Mal nicht in ihr Zimmer kommen, probieren Sie es einfach mal nebenan. Allerdings: In einem amerikanischen Hotel soll ein Sänger erschossen worden sein, weil er sich in der Tür geirrt hat. Zum Glück sind wir in Italien.

In der Hitze der Nacht

Die Sommersaison naht, die Gewässer erwärmen sich, und der Lauf des Lebens und der Fruchtbarkeit beginnt aufs Neue. Die Plagegeister, die nahezu jedes an Seen und Flüssen gelegene Feriengebiet heimsuchen, erwachen auch. Sie schlüpfen aus ihren Eiern und rauben von der Last des Tages erschöpften Touristen den Schlaf. Gereizte Gesichter, Schatten unter den Augen, juckende Schwellungen an Gesicht und Körper sind Zeugen manch einer durchwachten Nacht.

Ist eigentlich die Wirkung von Stechmücken auf das friedliche Zusammenleben der Menschen schon einmal überprüft worden? In Statistiken erfasst? Gäbe es da nicht reichlich Forschungsmaterial für Psychologen, Soziologen und Friedensforscher? Gegen Flugzeuglärm gibt es - zumindest in Deutschland - zunehmend Nachtflugverbote. Aber gegen Mücken und Schnaken?

Gegenmittel gibt es ebenso viele wie Warnungen davor: Autan, weltweit als deutscher Exportartikel sehr beliebt, löst bei empfindlichen Zeitgenossen Hautausschlag aus. Dschungelgel auch. Homöopathische Sprays und Salben gibt es zwar. Ihre Wirkung ist jedoch umstritten. Moskitonetze sind ohne Nebenwirkungen, sie passen sogar ins Handgepäck. Aber gegen eines helfen auch sie nicht: das nervtötende Surren, das umso penetranter ist, je verzweifelter das Insekt. Bleibt also nur noch die über Jahrhunderte erprobte, konventionelle Fliegenklatsche oder – in Ermangelung einer solchen – das Kopfkissen. Sieben auf einen Streich! Die achte surrt jedoch unablässig um den Kopf herum. Blutflecken an Decke und Wand zeugen von den verlorenen Schlachten der Vormieter.

Im Süden Italiens, wo die Moskitos besonders klein und hinterlistig sind, wird nun eine Geheimwaffe verkauft. Der Fuminator: Ein unscheinbarer Stecker, in den man ein giftgrünes Plättchen schiebt und den man dann in die Steckdose steckt. Das Plättchen erwärmt sich unter Strom, es verströmt einen seltsamen Geruch, bei dem Moskitos, Mücken und Gelsen nach etwa einer Stunde in tiefes Koma fallen. Natürlich muss man die Fenster dabei fest geschlossen halten. Ein Rest Misstrauen bleibt: Warum wird der Fuminator in Deutschland nicht verkauft? In Russland aber schon. Risiken und Nebenwirkungen? Gesundheitsgefahren? Auf der Packung ist nichts vermerkt, und falls doch, ist es unleserlich. Der Gast lehnt dankend ab und greift auf die herkömmlichen Kampfmittel zurück.

Nach der zweiten und dritten Nacht schließlich liegen die Nerven blank. Was bedeuten schon gesundheitliche Nebenwirkungen angesichts eines drohenden Amoklaufs? Also wird das verdächtig chemisch riechende neongrüne Plättchen aus der Folie gerissen, in den Fuminator geschoben und das Ganze in die Steckdose gesteckt. Nicht zufällig erinnert der Name an den Terminator. Schon halb im Traum steigt das Bild von Arnold Schwarzenegger mit Kalaschnikow wie ein Flaschengeist aus der Steckdose auf und macht den Moskitos den Garaus. Liebe Tierschützer, keine Sorge! Sie erwachen am nächsten Morgen wieder zum Leben. Und wir zum Glück auch.

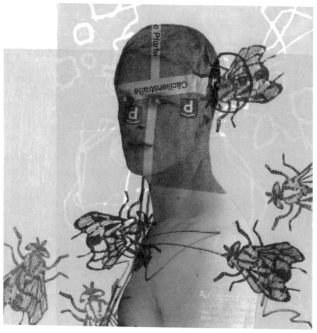

Die Spacedusche

Boutiquehotels sind immer etwas Besonderes. Der Aufenthalt soll ein Erlebnis sein, deshalb werden praktische Gesichtspunkte einem ästhetischen Konzept untergeordnet. So tastet man sich durch die düsteren Flure eines Moskauer Boutiquehotels, um in ein nicht weniger dunkles Zimmer zu gelangen, dessen Fenster mit schweren schwarzen Samtvorhängen verhängt sind. Dieses Hotel ist bei Filmleuten mit sehr dunklen Sonnenbrillen beliebt.

In St. Petersburg gibt es nun ein neues Boutiquehotel direkt am Fontanka Fluss. Eine Hälfte des Zimmers nimmt ein riesiges Doppelbett ein, die andere Hälfte ist der Dusche vorbehalten. Die Trennwand ist verglast. Ist man zu zweit, kann man dem Partner beim Duschen zusehen. Aber auch alleine zu duschen, kann ein Erlebnis sein. Natürlich unterscheiden die Duschen sich individuell, auch das gehört zum Konzept. In meinem Zimmer steht ein ovales verglastes Monstrum. Die Armaturen sind nicht gekennzeichnet, das sehe ich auf den ersten Blick. Schließlich bin ich boutiquehotelgestählt. Mit ausgestrecktem Arm versuche ich, den chromblitzenden Knopf mir gegenüber zu drücken, zu kippen oder zu drehen und strecke zugleich ein Bein aus, um mit dem großen Zeh vorsichtig die Wassertemperatur zu testen. Dummerweise stoße ich gleich auf ein erstes Hindernis: Mein Arm ist zu kurz, die Armaturen zu weit weg. Es hilft nichts, ich muss mich in die Kabine stellen.

Ich krame erstmal im Koffer nach einer Lesebrille, in der Hoffnung, doch noch einen versteckten Hinweis an der Armatur zu finden, einen roten oder blauen Punkt, wie winzig auch immer. Fehlanzeige. Stattdessen entdecke ich, dass in dieser Kabine auch seitlich Düsen angebracht sind. Auf Oberschenkel-, Bauch- und Brusthöhe. Wellnessdusche nannte der freundliche Angestellte das, der eben meine Koffer ins Zimmer geschafft hat. Als er meinen misstrauischen Blick auf das gläserne Ungetüm sah, fügte er hinzu, sie hätten die Dusche direkt aus Deutschland importiert. War da ein verstecktes Lächeln in seinen Mundwinkeln? Immerhin gab er mir den Tipp, dass man mit dem oberen Knopf die Düsen einstelle und mit dem unteren die Temperatur, „viel Glück."

Vorsichtig drehe ich am oberen Knopf. Nichts passiert. Man muss ihn kippen, aha. Es geht los, denke ich noch und springe japsend aus der Kabine, weil ein eiskalter Schauer auf mich niederprasselt. Was nun? Aufgeben? Hektisch kippe und drehe ich beide Knöpfe und versuche so, die Temperatur zu beeinflussen und gleichzeitig auf Handdusche umzustellen. Das Wasser wird wärmer, Gott sei Dank, spritzt nun allerdings auch aus den seitlichen Düsen – und das zunehmend heißer. Das hat den Effekt, dass die gläserne Kabine augenblicklich beschlägt, eventuelle Zeugen somit ausgeschaltet sind. Ich habe keine. Meine Schreie müssten allerdings schon die Gäste im Nebenzimmer alarmiert haben. Vielleicht halten sie das Ganze für wilden Sex.

Als ich schon aufgeben will, tröpfelt das Wasser aus der Handdusche. Lauwarm. Ich rühre die Armaturen nicht mehr an und bete, dass auch die Putzfrau das nicht tun wird. Apropos – wie wird diese Duschkabine eigentlich geputzt? Nackt?

Dreitausend

„Eremitage" nannte Katharina die Zweite das kleine feine Museum im Winterpalais in Sankt Petersburg, durch das sie spazierte, um sich beim Anblick ausgesuchter Kunstwerke vom Stress des Regierens zu erholen. Zutritt war nur ausgesuchten Staatsgästen und ihren Liebhabern erlaubt. Heute darf jeder hinein. Vorausgesetzt er gibt nicht vorher auf, denn die Schlange vor dem Eingang ist ansehnlich. Hat man es endlich zur Kasse geschafft, wird einem zur Eintrittskarte ein Plan des Museums gereicht, schön bunt, in rot, gelb, rosa und blau sind die verschiedenen Etagen, Gebäude und Treppenhäuser verzeichnet. Und natürlich das Café. Piktogramme weisen darauf hin, dass Messer, Pistolen, Photoapparate, Eistüten und Stilettoabsätze verboten sind. Eine Dame vor uns bohrt jedoch ungerührt ihre Pfennigabsätze ins Mahagoniparkett des Thronsaals, von jeglicher Wärterin unbemerkt.

Im maurischen Pavillon führen Fenster auf die Njewa hinaus. Gestern ist die Queen Mary im Finnischen Meerbusen vor Anker gegangen, sie überragt die Paläste am Ufer der Njewa um ein vielfaches, und die gesamten dreitausend Passagiere wollen anscheinend unbedingt in die Eremitage. In Gruppen zu jeweils dreißig wälzen sie sich wie ein Mahlstrom voran, Kopfhörer im

Ohr laufen sie, ohne nach rechts und links zu sehen, einem Schild mit einer blauen Nummer hinterher. Sie verstopfen die Raffaelgalerie, den Rembrandsaal, belagern die Heilige Familie von Raffael, deren Bildnis gerade mal zweiundsiebzig mal sechsundfünfzig Zentimeter groß ist und setzen es einem nicht unerheblichen Blitzlichtgewitter aus. Der Da-Vinci-Madonna ergeht es ebenso. Nur der heilige Sebastian von Tizian ist zufällig nicht auf der Liste. Er hängt in einem Seitenraum und schaut, von Pfeilen durchbohrt, etwas spöttisch auf uns herab. Leider gibt es hier keine Sitzgelegenheit. Nirgends. Schon ein leichtes Anlehnen an einer vergoldeten Türe ruft die Wächterin auf den Plan. Es gibt sie also doch. Auch ohne Stilettos tun die Füße weh.

Was tun? Der Weg zurück zum Café ist eine mittlere Wanderung: erst einmal über marmorne Treppenhäuser ins Kellergeschoss hinab. Römische und griechische Statuen sind als Exilanten - und dazu auch noch nackt - in Kellerfluchten verbannt. Auch an einem Sarkophag kommen wir vorbei und stehen fröstelnd vor einer Mumie. Aber kaum sind wir aus der Antike in die Neuzeit aufgetaucht, bilden sich wieder die obligatorischen Schlangen. Im Café sind alle Plätze besetzt.

Eine russische Dame empfiehlt, sich doch einfach die Impressionisten anzusehen. Da oben komme kaum einer hin und Bänke gebe es auch. Ungläubiges Staunen: Renoir, Monet, Degas, van Gogh – die will keiner sehen? Die Dame lächelt fein: „Probieren Sie es." Wenig später verstehen wir, warum. Der Weg dorthin gleicht einem Geheimgang, bei dem einem auch der bunte Plan nicht weiterhilft. Wir folgen unserer Führerin, vor dem Thronsaal rechts durch die Napoleongalerie, weiter nach links in einen Seitenraum, an düsteren Vitrinen voller Vasen und Porzellan vorbei, mehrmals um die Ecke, durch Mittelaltersäle zu einer schmucklosen Seitentreppe. Zwei Stockwerke höher ist ein zusätzliches Obergeschoss, ein ehemaliger Speicher mit niedriger Decke, ganz ohne Stuck und Marmor und Vasen aus Lapislazulli. Eine Reihe schlichter Räume mit Fenstern auf den Schlossplatz hinab. Hier sind Monets Seerosen zu sehen, Degas Tänzerinnen, Renoirs Portraits sinnlicher Pariserinnen, Gauguins Südsee-paradies, Van Goghs gelbes Zimmer, nur für uns. Ein ganzer Saal, nein zwei, drei allein mit Gemälden von Matisse und Picasso. Dort machen wir es uns auf den Bänken mit blauen Samtpolstern bequem. Vor Jahren in Paris im Musée d'Orsay standen wir uns die Beine in den Bauch, um genau das zu sehen. Und jetzt? Unwillkürlich fällt unser Blick durch die Fenster auf den - zugegeben - wunderbaren Schlossplatz mit seinem Schachbrettmuster hinab. Trägt da unten nicht einer der dreitausend eine Eistüte vorbei?

Schiff verpasst

Die wichtigste Regel auf einer Flusskreuzfahrt ist: Alle müssen 15 Minuten vor Ablegen des Schiffes an Bord sein, auch die Spanier! - Dabei rollen die Augen der resoluten Bordmanagerin. Die Spanier haben nämlich gestern beim nächtlichen Ausflug zum Roten Platz die letzte U-Bahn verpasst. Zum Glück lag das Schiff bis zum Morgen vor Anker. Sind alle an Bord, verkündet ein Lautsprecher, dass wir vollzählig sind. Das Schiff legt ab. Sind nicht alle an Bord, ebenfalls. Ein Schiff wartet nicht!

Ein Schiff, das sind 250 Personen, plus etwa hundert Mann Crew. Die Franzosen sind die größte Gruppe. Sie haben die charmanteste Bordbegleiterin, eine zierliche junge Russin mit lockigem Haar, auf dem keck eine Mütze sitzt. Zur Unterstützung hat sie einen Praktikanten, Viktor, ein nervöser junger Mann. Er ist neu an Bord. Die Anzahl der Türken ist schwer zu überschauen. Sie haben ein ausgesprochen orientalisches Zeitgefühl und treten selten gemeinsam auf. Daher haben sie nur wenig Programm. Beim abendlichen Showprogramm sind sie aber Weltmeister. Wir Deutschen sind nur zwanzig und gelten als pünktlich. Den Altersrekord halten übrigens die Franzosen. Die älteste Dame sei weit über neunzig und reise allein, raunt Viktor mir zu.

Beim ersten Landgang ist die Aufregung groß, immerhin müssen 150 Leute gleichzeitig von Bord. Wo sind unsere Guides, die uns über die Insel führen? Wann war nochmal unsere Abfahrtszeit, um viertel vor oder viertel nach? Dreiviertel, wirft ein Berliner ein. Dreiviertel von was? Wir jedenfalls haben es rechtzeitig geschafft. Die Borddurchsage ertönt, das Schiff legt ab.

Nur die Mütze auf dem Kopf der französischen Bordbegleiterin sitzt jämmerlich schief. Ihre Augen sind verheult, als sie aus dem Büro der Bordmanagerin kommt. Viktor ist noch blasser als sonst. Eine Französin fehlt. Über neunzig. Alleinreisend, schwerhörig und ohne Pass. Einfach weg! Mitten in Russland. Was nun? Die Verwandten verständigen, die Polizei? Wer lässt schon seine neunzigjährige Mutter allein auf Reisen gehen? - Vielleicht wollten sie sie loswerden, erwidert ein Belgier keck.

Wir schwimmen längst weiter die Wolga hinab. Mit Birken bestandene Ufer. Kein Dorf weit und breit. So geht es stundenlang. Erst an der Mündung zum großen Stausee liegt eine kleine Stadt. Hier verlangsamt das Schiff seine Fahrt und dreht bei. Auf der Uferpromenade halten die Spaziergänger inne und schauen ebenfalls. In diesem Nest hält gewöhnlich kein Kreuzfahrtschiff. Dort unten am Steg steht eine kleine Französin, lacht und winkt. 250 Leute warten, 250 Augenpaare an der Reling. Neunzig ist die sicher noch nicht. Höchstens halb so alt. Wie ein Filmstar geht sie an Bord. „Sie wollte nur noch einen Kaffee trinken gehen", flüstert Viktor, mein Informant, mir zu. Als ihr klar wurde, dass das Schiff abgelegt hat, ist sie in eine Apotheke gegangen und hat dort ihre Bordkarte gezeigt. Der Apotheker hat die Polizei geholt, die haben auf dem Schiff angerufen, die Französin in ein Taxi gesetzt und das hat sie hierhergebracht. Voilà. Und die Neunzigjährige? Die hatte sich den Türken angeschlossen und sitzt mit ihnen beim Abendbrot. Sie hat von der ganzen Aufregung als Einzige nichts mitbekommen. Behauptet sie jedenfalls.

Im Südosten Gruppenzwang

Im modernen deutschen Knigge steht, in einer größeren Gruppe könne man durchaus auch einzeln bezahlen - vorausgesetzt, man feiert nicht gerade einen runden Geburtstag. Nun braucht man nur über die Alpen zu fahren, um zu wissen, dass das nicht überall gilt. Der Versuch, beispielsweise eines Kirchenchores, einzeln- oder paarweise zu zahlen scheitert in der Regel am betonharten Lächeln des Kellners, der sämtliche Einwände einfach überhört und sich in seine Landessprache zurückzieht. Was tun? Auf einer Einzelabrechnung bestehen und riskieren, dass der Kellner so lange braucht, bis die Uffizien geschlossen haben? Eine Möglichkeit, sich einem solchen Dilemma zu entziehen wäre, sich von vornherein an einen anderen Tisch zu setzen. Dabei riskiert man jedoch, als letzter sein Essen zu bekommen, denn zuerst wird die Gruppe bedient. Dennoch, wer darauf besteht, kann genau das bezahlen, was er gegessen und getrunken hat. Nicht mehr und nicht weniger. Zumindest in Mitteleuropa.

Fährt man jedoch weiter nach Süden oder Osten, ist auch das nicht mehr sicher. Wer gemeinsam am Tisch sitzt, ist geradezu dazu verurteilt, gemeinsam zu essen, zu trinken, zu feiern und zu bezahlen. Einer für alle. Alle für einen. Eine gemeinsame Tafel, das steht schon im Reiseführer, ist im Kaukasus etwas Heiliges. Einzeln bestellen? Geht nicht. So kleine Portionen gibt es gar nicht. Tschinkali zum Beispiel, faustgroße, mit Fleisch und Brühe gefüllte Maultaschen, gibt es nur zu Portionen ab zwanzig Stück. Alleine essen folglich schwierig. Also teilen. Sich in Fatalismus üben. Und nicht mitzählen, wie viel der andere isst, das wäre peinlich für beide Seiten. Zumeist kostet einen diese Großzügigkeit auch nicht viel, die Preise sind moderat und das Essen ist gut.

Nur die Abrechnungen in georgischen, armenischen oder arabischen Schriftzeichen sind mitunter undurchsichtig. Außerdem wird um jeden Lari, Rial oder Dram gefeilscht. Es geht dabei keineswegs um Geiz, sondern um Stolz: Man möchte nicht als übervorteilter deutscher Tölpel dastehen. Übrigens hat es auch ein Reiseleiter nicht leicht. Gelingt ihm die Befriedung einer solchen Situation nicht, geht es nämlich ihm an den Kragen. Eine Reisegruppe soll sich beim Bezahlen der Rechnung so sehr in die Haare geraten sein, dass er, der Reiseleiter, es war, der bis zu einer Einigung ins Gefängnis gesperrt wurde. Das trug sich in der tiefsten Mongolei zu. Und, Hand aufs Herz, was weiß man schon über mongolische Gefängnisse.

Komm in den totgesagten Park

Park und Parkplatz sind verwandte Begriffe. Im Park erholt sich der Mensch, auf dem Parkplatz sein Gefährt. Nun nehmen die Menschen ab und die Autos zu, und die Auswirkungen sind auf den entlegensten Parkplätzen zu spüren. Auf Italienisch heißt ein Park „Parco" und Platz „Piazza". Der Parkplatz ist nun aber keine Parco-Piazza. Deutsche Begriffe sind nicht immer wörtlich zu übersetzen, manchmal aber schon.

Piazza, das muss man zugeben, klingt wesentlich besser als Platz, irgendwie moderner, entspannter, wie „aperitivo" und „dolce vita". Das dolce vita in meiner Heimatstadt sieht allerdings so aus: Man entferne Rasen und Bäume, lege stattdessen Granitplatten aus, darüber ein halbrundes Gestell, das sich Pergola nennt, und zwischen dessen stählernen Streben sich eine magere Glyzinie rankt. Studenten, die sich früher auf der Wiese sonnten, lasen oder rauchten, lungern auf diesen Granitplatten natürlich keine mehr herum. Und wenn doch, dann sitzen sie als zahlende Gäste in dem italienischen Café, das den Platz gemietet hat und sich „Canale Grande" nennt. Die Steinplatten davor sind heiß und unbequem und mit der Pergola hat es auch nicht ganz geklappt, immer ist mehr Gitterwerk als Blätter über unseren Köpfen zu sehen. Aber alles ist schön sauber und gepflegt, und volkswirtschaftlichen Nutzen bringt es auch.

Nun schauen sich Delegationen anderer Städte unsere Piazza an, die, so habe ich gehört, sogar einen Preis gewonnen hat. Das Italienische Design, wie die Stadtverwaltung es nennt, ist von nun an nicht mehr aufzuhalten. Die Blumenbeete in unserer Straße werden mit Kies oder Schiefer aufgefüllt, dazwischen ein paar zerzauste Lavendelstauden gesetzt, das gibt südliches Flair, erklärt man uns, es erinnert allerdings eher an Grabstätten.

Natürlich zeugt mein Klagen von purer Unwissenheit. Eine echte italienische Piazza, so lese ich in einem Reiseführer, ist ein öffentliches Wohnzimmer. Und in einem Wohnzimmer finden sich natürlich weder Rasenflächen noch Blumenbeete. Man trifft sich dort in den frühen Abendstunden, um zu flanieren. In der Mittagshitze ruht sich der Italiener hinter zugeklappten Fensterläden aus. Sogar Kinder sind - zumindest im Sommer - erst nachts auf den Spielplätzen zu sehen. Das ist sehr praktisch, denn so haben die Touristen tagsüber die glühend heiße Piazza für sich, sie bewundern die Fassaden der italienischen Kirchen oder flüchten sich gleich hinein. Nicht umsonst sind die italienischen Baudenkmäler die meist besuchten der Welt.

Auf einer kleinen Piazza in Umbrien habe ich in

den frühen Abendstunden ein paar Postkarten gekauft. Ein hübscher kleiner Park war auf einer Ansichtskarte abgebildet, mit einem Springbrunnen, Marmorskulpturen, Blumenbeeten und Parkbänken. Ein Park wie aus einer anderen Zeit, von der mein Reiseführer nichts weiß. Ich frage den Barkeeper, einen coolen Typ im anliegenden Shirt, wo sich denn der Park befinde. Er schüttelt bedauernd den Kopf. Der Park wurde neu gestaltet. Ein internationaler Wettbewerb wurde dafür ausgeschrieben, das Ergebnis könne ich gerne betrachten.

Ich folge seiner Beschreibung und lande - auf dem Parkplatz außerhalb der Stadtmauer, auf dem in der brütenden Hitze mein Auto steht. Am Rande des Platzes wachsen ein paar staubige Oleanderbüsche - nicht die Überreste des Parks, sondern die in dieser Gegend übliche Autobahnbepflanzung. Auf einer Bank, in den winzigen Schatten der Büsche zurückgezogen, sitzen zwei ältere Herren. Ich zeige ihnen die Postkarte. Sie nicken. Den habe es wirklich gegeben. Schön sei es hier gewesen. Kühl. Mit kleinen Nischen zwischen duftenden Sträuchern, in denen Liebespaare sich trafen. Oder ältere Damen mit ihren Enkelinnen spazieren gingen. Verwitterten Statuen. Einem steinernen Brunnen. Ein Park wie in meiner Kindheit, den es jetzt nur noch auf einer Postkarte gibt. Und auch das Postkartenschreiben ist, seien wir ehrlich, längst überholt.

Geben Sie mir sofort die Suite!

Kennen Sie das? Sie haben einen saftigen Einzelzimmerzuschlag bezahlt und landen dennoch wieder einmal in einer Abstellkammer direkt neben dem Aufzug mit Blick auf eine Wand oder im besten Fall auf einen Parkplatz, während die Herren und Damen im Doppelzimmer den Blick aufs Meer oder die Berge genießen. Hat man sich ein Herz gefasst, geht zur Rezeption und will das Zimmer wechseln, heißt es, das Hotel ist ausgebucht. Tut uns leid.

Eine Dame in unserer Gruppe schafft es zu allseitiger Verwunderung in der Regel dennoch, zu tauschen. Bei jedem Hotel unserer Rundreise lässt sie sich erst den Zimmerschlüssel geben, kommt jedoch nach wenigen Minuten wieder zurück und besteht darauf, ein anderes Zimmer zu beziehen. Zu dunkel, zu eng und vor allem: zu laut. Schon bei der Buchung habe sie ein ruhiges Zimmer verlangt. Sie besteht darauf, mit einer Penetranz, die den Damen und Herren an der Rezeption die Schweißperlen auf die Stirn treibt. Im Zweifelsfall wird der ganze Buchungsplan über den Haufen geworfen, werden unter der Hand die Schlüssel getauscht, bis sie ein Zimmer mit Balkon und Aussicht genießt, während jemand anders in der Gruppe das Zimmer neben dem Aufzug bekommt. Aber selbst das schönste Zimmer hat meist einen

Haken. Wir erfahren es am nächsten Morgen: Das Küchenpersonal habe just unter ihrem Fenster geraucht.

Am letzten Tag unserer Rundreise - das Ritual ist mittlerweile jedem in der Gruppe bekannt — gelingt es unserer Mitreisenden sogar, von der entnervten Rezeptionistin eine ganze Suite zu bekommen, ohne Aufpreis! raunt man sich in der Gruppe zu. Beim Abendessen ist unsere ruhebedürftige Mitreisende auch ausnehmend gut gelaunt. Beim Frühstück am nächsten Morgen beklagt sie sich zur gelinden Verwunderung ihrer Mitreisenden dennoch. Sie habe wegen des Lärms im Nachbarzimmer die ganze Nacht kein Auge zugetan! Ein ganzer Clan habe dort gefeiert. Eine regelrechte Orgie. An der Rezeption habe niemand den Hörer abgenommen. Schließlich sei sie selbst aufgestanden, habe an die Nachbartür geklopft. Ein Betrunkener habe ihr die Tür geöffnet. Nicht einmal angehört habe er sie, sondern einfach die Tür vor ihrer Nase zugezogen! klagt sie empört. Die ganze Gruppe grinst still in sich hinein.

Auch ihre Beschwerde bei der Rezeption bleibt ohne Erfolg. Die Mitarbeiterin schüttelt nur bedauernd den Kopf. Es habe gestern Abend eine kleine Feier gegeben. Ein berühmter Schauspieler habe die VIP-Suite nebenan gemietet. Da könne es schon mal ein bisschen lauter werden. In den unteren Etagen sei das aber normalerweise nicht zu hören. Wir nicken bestätigend. Mischt sich da ein klein wenig Genugtuung in das Lächeln der Rezeptionistin? Ein Schelm, wer Böses dabei denkt.

Weltkulturerbe

Es soll Versuche geben, das deutsche Wandern auf die Liste des immateriellen Kulturerbes der Menschheit zu setzen, mitsamt der Wanderlieder. Dennoch, ich habe es selbst erfahren, fällt der Export dieses Kulturerbes schwer. Ich habe es mit meinen italienischen Freundinnen versucht. Zu meinem Erstaunen waren alle sofort Feuer und Flamme, mit mir auf einen echten deutschen Wanderausflug in die Berge zu gehen. Tagelang habe ich Wanderrouten studiert und schließlich eine hübsche Tour ausgesucht, nicht zu schwer, auch für Anfänger geeignet. „Wir machen alles mit!" versicherten sie mir.

Zur verabredeten Zeit am nächsten Tag ist jedoch niemand da. Die erste kommt gegen zehn angerannt, völlig außer Atem, unterm Arm eine Schachtel nagelneuer Turnschuhe. Die Läden öffneten erst um neun, sie konnte sich einfach nicht entscheiden, ob pinkfarben oder hellblau, es muss ja zum neuen Outfit passen… Die anderen trudeln nach und nach ein, von ähnlichen Problemen aufgehalten. Wir machen erstmal eine Wandermodenschau. Unter kritischen Blicken werden verschiedene Mützenmodelle ausprobiert, mitsamt den neuen Shirts und passenden Sonnenbrillen dazu. Meine knöchelhohen Wanderschuhe werden bestaunt,

„die Deutschen sind immer so perfekt". Davon abgesehen könne man allerdings noch etwas tun... Am Ende sehe auch ich aus wie in einem Wander-Werbekatalog. Die Nachbarn – wir sind in Italien - staunen nicht schlecht, als wir so aus dem Haus treten. Wir bekommen jede Menge guter Ratschläge mit und Glückwünsche für unsere sportliche Aktion.

Gegen Mittag kommen wir endlich auf dem Wanderparkplatz in den Bergen an. Hier ist schon einiges los, kein Wunder: In der Nähe gibt es ein beliebtes Ausflugsrestaurant. Das wusste ich nicht, meine Freundinnen aber schon. Ich habe einen Rundweg geplant, wir könnten am Ende einkehren. Meine Freundinnen schauen sich bekümmert an. Wozu dieser Umweg? scheinen ihre Mienen zu sagen. Nach zehn Minuten stehen wir an der Abzweigung. Vor und hinter uns steuern ganze Familien zielstrebig das Restaurant an. Es duftet verlockend durch den Wald. Ich gehe geradeaus weiter, meine Freundinnen folgen mir zögernd. Ein aufmerksamer Italiener läuft uns nach. Wir hätten die Abzweigung verpasst, das Restaurant liege da unten. Grazie. Das wissen wir. Kopfschüttelnd sieht er uns nach. „Warum essen wir nicht zuerst und gehen dann wandern? Jetzt ist es ohnehin viel zu heiß." Meine Begleiterinnen schauen nach oben, als sei die Sonne, die inzwischen senkrecht auf unsere Köpfe brennt, ihr

Verbündeter. – Ist das meine Schuld? möchte ich fragen. Ich zeige stattdessen auf meinen Wanderrucksack. „Und das Picknick?" Sie strahlen: „Das essen wir heute Abend auf der Terrasse mit unseren Freunden." Italiener sind im Argumentieren nur schwer zu schlagen.

Das Essen war übrigens ausgezeichnet, der Wein auch. Zum Wandern kam es dann nicht mehr. Der Wandertag war dennoch ein voller Erfolg. „Das müssen wir wiederholen!" Klar. Ich habe auch schon ein Ausflugsrestaurant ausgesucht.

Sohlenbröseln

Sobald die ersten Lebkuchen im Supermarktregal liegen, flattern die Herbstkataloge mit der neuen Wanderausrüstung ins Haus. Wetterfeste Anoraks, regendichte Rucksäcke, Wanderstöcke, Wanderhosen, zweiteilig mit Reißverschluss, kurz oder lang, sogar Wanderröcke für modebewusste Wanderinnen – und dann die Schuhfrage: Sollen es Bergstiefel, Wander- oder Trekkingschuhe sein? Über den Knöchel oder darunter? Leder oder Goretex? Wasserdicht, atmungsaktiv oder am besten beides? Schon Ötzi wusste, wie wichtig bei der Alpenüberquerung die richtigen Schuhe sind. In Armenien wird die erste Wandersandale, in luftdichtem Schlamm perfekt über die Jahrtausende erhalten, im Nationalmuseum ausgestellt. Und die Sohle, biegsam zum Abrollen, oder hart, um den Fuß nicht zu ermüden? Rutschfestes Profil, um über Stock und Stein, respektive schlammige Pfade zu gehen?

Für all diese Fragen gibt es Experten, sie reden sich die Köpfe heiß, Internetdebatten werden geführt, welche Sohlen am besten geeignet sind. Aber Vorsicht, für welche Sohle Sie sich auch immer entscheiden - sie zerbröselt. Nicht am ersten Tag, o nein, dieser Vorgang ist ein schleichender Prozess, ähnlich dem Altern, man sieht es nicht, man spürt es nicht, und trotzdem ist es eines Tages soweit. Erst denkt man vielleicht, es sei der Untergrund, wenn der Schritt so eigenartig schwammig wird, dann erst realisiert man was wirklich geschieht: Die Sohle hat sich abgelöst, sie schwappt bei jedem Schritt wie ein Fischmaul auf und zu.

Mein Vater, behauptet er zumindest, hat seine Wanderschuhe mit 17 bekommen und wandert immer noch in ihnen. Gut gefettet, sind sie nahezu unversehrt geblieben, nur ein wenig zerkratzt. Aber heutzutage hilft weder Einfetten noch Sprühen. Die Gefahr kommt von innen. Der Leim ist schuld, der die Kunststoffschichten der High-Tech-Sohle miteinander verklebt. Oder besser: verklebt hat, denn jetzt hat sich der Leim zersetzt, der Kunststoff im Innern zerbröselt. Bisweilen fällt die ganze Sohle ab, und man findet sich unversehens auf den Socken wieder, während um den Knöchel das Leder noch fest geschnürt ist. Immerhin, der Knöchel bleibt geschützt. Wann es soweit ist? Es kann jederzeit geschehen. Eine Rolle spielt die Zusammensetzung der Sohle und auch, wie lange der Schuh schon vor dem Kauf im Laden stand. (War es vielleicht ein Sonderangebot aus dem Herbstkatalog?) Die Garantieerklärung könnte einen Hinweis geben. Aber die halten die Firmen sicherheitshalber kurz, oder nehmen die Sohle gleich ganz raus.

Das alles ist kein Problem, wenn man grade mal

eben auf den Hausberg wollte. Irgendwie kommt man schon wieder herab, sei es, dass man die Sohle mit dem Schnürsenkel am Schuh festbindet, sei es barfuß. Oder man ruft ein Taxi zur nächsten Berghütte, zu der man zur Not auf allen Vieren robbt. Was aber, wenn man zum Beispiel in Patagonien weilt? Kein Taxi weit und breit, keine Schuhmacher, höchstens Hufschmiede - die Einheimischen sind nämlich zu Pferde unterwegs. Nun hat man zwar vor seiner Abreise die ganze Ausrüstung bis auf die Unterwäsche neu gekauft, von den Schuhen allerdings trennt sich kein Wanderer so leicht. Immerhin sind sie meist unter Schmerzen eingelaufen und sitzen wie eine zweite Haut. Was also tun? Mancher hat es schon mit Patex versucht. Das hält aber höchstens eine Stunde lang. Ein Ersatzpaar im Rucksack? Wer schleppt das schon den Berg hinauf. Man könnte barfuß gehen, was aber bald schmerzhaft sein wird. Sich von Sherpas, so vorhanden, zum nächsten Jeep tragen lassen? Oder aufs Pferd umsteigen?

Wie auch immer man nach Hause kommt - vor der nächsten großen Tour geht es erst mal zum Arzt. Am besten zum Internisten. Wo es weh tut? Die Sohle! erwidert der Patient und stellt unter fragenden Medizinerblicken seine Schuhe auf die Röntgenplatte. Einmal durchleuchten bitte!

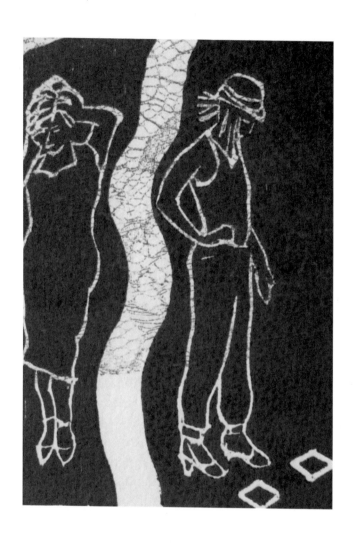

Bäuchlings vor der Orchidee

Wandern ist gewissenermaßen ein Aussteigen auf Zeit. Gerne wird dabei ein Gebirge überquert. Wer auf der anderen Seite angekommen ist, ist überm Berg. Vielleicht schreibt er hinterher ein Buch. Denn auch auf der Suche nach uns selbst suchen wir immer Anteilnahme. Oder man startet gleich in der Gruppe. Das hat Vorteile. Man braucht den Proviant nicht allein zum Picknickplatz zu schleppen. Sind die Wegmarkierungen unklar oder gar nicht vorhanden, hilft die Schwarmintelligenz. Und: Man kann dabei die unterschiedlichsten Typen kennenlernen.

Es schälen sich bald Anführer, Pausenclown und Notorisch-zu-Spätkommende heraus. Hat man eine Tour mit Wanderführer gebucht, stellt sich ihm schnell ein Experte zur Seite. Er hat die Wanderrouten vorher ausgedruckt, einen Höhenmesser am Handgelenk, überprüft die Route per GPS und weist auf Abweichungen hin. Doppelt geführt, können die anderen sich in aller Ruhe ihren Lieblingsbeschäftigungen hingeben.

Der Orchideenkenner, hierin verwandt dem Landschaftsphotographen, beide zu erkennen an einem Riesenobjektiv, kann sich vor jeder Orchidee auf den Bauch legen und nach der richtigen Einstellung suchen. Der Professor bringt ungestört sein Wissen über Gesteinsformationen an Mann oder Frau, hierin verwandt mit der besten Freundin, die zum Glück vorübergehend eine noch bessere Freundin gefunden hat. Sie redet sogar im Gänsemarsch unablässig in deren Rücken hinein. Es reicht ein einfaches Nicken, das Zustimmung signalisiert. Beim Professor übrigens auch. Sollte es doch einmal zu viel werden, einfach am Hang schneller gehen, bis die beiden außer Puste sind.

Der Manager gibt noch auf dem Weg zum Gipfel Anweisungen ins heimische Büro. Statt auf Orchideen ruht sein Augenmerk auf der Misswirtschaft. Sollte es diese nicht geben, betrachtet er wohl oder übel auch Orchideen, zählt sie aber. Bis zum nächsten Anruf. Der Lehrer schaut sich vorsichtig nach anderen Lehrern um, die seiner Meinung nach alle Besserwisser sind, ausgenommen er selbst natürlich. Hat er sich aber damit abgefunden, nicht der Wortführer zu sein, ist er ausgesprochen froh, endlich mal nicht selbst vorne stehen respektive gehen zu müssen.

Der Unerschrockene überquert als erster den reißenden Bach. Besonders wagemutig ist er in Begleitung jüngerer Frauen. Sind diese sportlicher als er, lässt der Klügere sich retten. Der Introvertierte beobachtet angeblich die Landschaft, insgeheim aber seine Reisegefährten. Er hat den Unerschrockenen längst durchschaut, bewundert ihn aber trotzdem.

Der Eigenbrötler geht als letzter. So hat er immer einen Vorwand, hinter den anderen zurückzubleiben. Er sammelt den Manager am Ende wieder ein. Und überhaupt: Ursprünglich wollte der Manager allein auf Weltreise gehen. Er hat dann doch eine Gruppenreise gebucht. Auf einer Gruppenreise muss man sich nämlich nicht selbst finden. Man kann auch gefunden werden, vorausgesetzt, man hat sich in den Tagen zuvor nicht gänzlich daneben benommen.

Sozialistisches Umlagern

Eine Freundin von mir hat eine Teetasse geklaut. Natürlich handelt es sich dabei nicht um irgendeine Tasse, sondern ein originales sogenanntes Podstakannik der Transsibirischen Eisenbahn. Das ist ein Teeglas mit einer versilberten Halterung aus dunkel angelaufenem Metall mit dem Wappen der sowjetischen Eisenbahn darauf. Angesichts dessen, was kurze Zeit später im selben Land geschah, handelt es sich bei diesem Diebstahl um eine lässliche Sünde: Traktoren, Industrieanlagen, sogar ganze Züge rissen sich die neuen Oligarchen - und solche die es werden wollten - unter den Nagel, aber das konnte meine Freundin damals noch nicht wissen.

Die Aneignung ging folgendermaßen vonstatten: Die Freundin wollte ihre Teetasse der Schaffnerin für gutes Geld abkaufen, aber diese blieb standhaft: Es handle sich bei dieser Tasse nämlich um sowjetisches Volkseigentum. Meine Freundin konnte nicht widerstehen und schmuggelte das Silbergeschirr mit schlechtem Gewissen und zwischen allerlei Pullovern nach Berlin.

Dort steht die Teetasse nun im Regal, und wenn ich zu Besuch komme, erinnert sie uns an das Rattern sowjetischer Züge, an geteilte Vorräte im Viererabteil mit Russen, Letten und Litauern, an sibirische Wurst und warme Piroggen an einer

Bahnstation im Nirgendwo und russische Babuschkas, die gegen ein paar Rubel Gebäck und Beeren durchs Fenster reichten. An den Geruch von eingelegtem Knoblauch und Schweiß, der das Abteil nach ein paar Tagen füllte, an hochgeklappte Betten und Kartenspiel. Geteilte Sehnsüchte zwischen eingelegten Salzgurken und Familiengeschichten. Katzenwäsche am Ende des Gangs und ein Glas heißen Tee aus dem Samowar. Während die Deutsche Bahn Kaffee in Pappbechern reichte, tranken wir unseren Tee aus silbergeschmiedeten Haltern wie zur Zarenzeit.

Ein paar Jahre später wurde das Silbergeschirr der sowjetischen Eisenbahn neben den Mützen der Roten Armee auf Berliner Flohmärkten am Straßenrand verscherbelt. Inzwischen kann man funkelnagelneue Teehalter mit dem sowjetischen Wappen im Internet bestellen. Aber lieber trinke ich von Zeit zu Zeit einen Schluck heißen Tee aus einer geschmuggelten volkseigenen Teetasse von einer Reise in eine versunkene Welt.

Russland, tiefgekühlt

Wie immer im Winter, wenn das Thermometer sich Null Grad nähert, erwacht meine Sehnsucht nach Russland. Man möge mir verzeihen. Meine Liebe zu Russland war immer irrational. Sie ließ sich weder durch die Tristesse zerbröselnder Plattenbauten noch die steinharte Miene sowjetischer Grenzbeamter abschrecken. Und da in Zeiten des Krieges weder eine Troika bereitsteht, um wie zu Puschkins Zeiten durch den Winterwald zu gleiten, noch ein Ticket für die Transib, schwinge ich mich auf mein Fahrrad und mache mich auf den Weg zum russischen Supermarkt. Ich lasse die Gründerzeithäuser der Innenstadt ebenso hinter mir wie die Reihenhäuser der Vorstadt, überquere zwei Autobahnbrücken, bis endlich die ersten Wohnblocks auftauchen. Plattenbauten mit weiten Rasenflächen dazwischen, die an die Vorstädte Sibiriens erinnern, nur dass die Schlaglöcher im Gehweg nicht ganz so tief sind. Selbst ein paar zerzauste Birken wachsen am Straßenrand.

Vor der Markthalle stehen Großkisten gefüllt mit Weißkohl, zentnerweise rote Beete, sowohl für den russischen als auch den ukrainischen Borschtsch unabdinglich, ebenso wie dicke Bündel Petersilie und Dill. Der Markt ist schnörkellos.

Weder Balalaikageklimper noch weißrussische Chöre klingen aus unsichtbaren Lautsprechern. Dafür gibt es jede Menge in buntes Papier eingeschlagenes Schokokonfekt. Zu meiner Erleichterung sind weder „Rotkäppchen" noch „Mischka", der Bär, aus der berühmten Moskauer Schokoladenfabrik „Roter Oktober" den Sanktionen zum Opfer gefallen. Aber vielleicht werden sie ja längst von Nestle in der Schweiz produziert. Im Wurstregal liegt polnische Krakauer friedlich neben Moskauer Brühwurst. Sibirische Pelmeny ruhen neben halbmondförmigen ukrainischen Vareniky gefrostet in der Tiefkühltruhe. Es gibt Schaschlikgewürz aus Georgien und Lebkuchen aus Sankt Petersburg. Ein Kunde vor mir hat einen armlangen Trockenfisch im Einkaufswagen. Rinder- und Schweinefleisch werden samt Knochen in Schulter und Hüften zerhackt. Niemand kommt hier auf die Idee, Filets nach Gramm oder Wurst in Scheiben zu kaufen. Unwillkürlich gleitet mein Blick zum Wodkaregal. Die Marke „Putinka" ist aus dem Regal verschwunden. „Wodka Gorbatschow" wurde hier noch nie verkauft. Aber auch „Selensky" ist nicht zum neuen Klassiker aufgestiegen. Zum Geburtstag gibt es Geschenkpackungen mit armenischem Brandy in Form einer Handgranate. Sie stehen in unmittelbarer Nachbarschaft zum aserbaidschanischen Konkurrenzprodukt. In einer verschließbaren Vitrine bei der Kasse steht endlich der Kaviar. Rotgolden leuchtend, Forelle oder Lachs. Kein Stör. Oligarchen schauen hier nur selten vorbei.

Der Carneval ist wieder da!

Die Vorzeichen nähern sich: Mit den ersten Schneeglöckchen im Blumenbeet tauchen auch die weiß-blauen Uniformen mit Dreispitz und Säbel im Straßenbild auf. Statt der üblichen Demonstranten trommeln sich Sambabands in den Straßen warm, und in den Kneipen werden für „Immis", wie die Zugereisten aus aller Welt im Rheinland heißen, kölsche Karnevalslieder im Rudel geübt. Holländer reisen in Bussen an. Unsere Nachbarn teilen sich in diejenigen, die kopfschüttelnd das Weite suchen, und die andern, die schon Wochen vorher an ihren Kostümen feilen. Meist gibt das Kino den Takt vor.

Im „Fluch-der-Karibik-Jahr" gab es so viele Piraten wie nie. In diesem Jahr ist grüne und blaue Schminke im Drogeriemarkt schon ausverkauft wegen „Avatar". Ist ein schwarzes Gesicht zum gelben Sonnenblumenkostüm schon „Blackfacing"?, fragt eine Freundin mich halb besorgt, halb amüsiert ob dieser neuen Verfänglichkeiten. Das Indianerkostüm wurde vorübergehend ausgemustert. Im Zweifelsfall gibt es noch immer den Plüschanzug für den Straßenkarneval, wahlweise als Hase, Bär oder Kamel, der ist vor allem bei jungen Männern beliebt, wenn sie nicht als Nonne oder Krankenschwester gehen.

Und es gibt eine hohe Dichte an Polizistinnen in echten oder falschen Uniformen. Auch Geistliche sieht man viel. Berufsgruppen, die im „richtigen" Leben so gar keine Lobby zu haben scheinen. Jenseits der Debatten um das politisch korrekte Kostüm ist eines vielleicht aktueller denn je: Im Straßenkarneval wird kein Eintritt verlangt, es reicht, sich an die Straße zu stellen, verkleidet oder nicht, und man ist mittendrin.

Unsere Wohnung liegt im Zentrum der Altstadt, direkt am Rosenmontagszug. Nach zwei Jahren Corona-bedingter Abstinenz haben wir nun wieder einen Logenplatz, und natürlich haben sich schon eine Menge Freunde angesagt, Immis, wie wir. Die Loge erlaubt eine vorsichtige Distanz, zumindest, solange unser Nachbar von gegenüber nicht die Boxen in die Fenster stellt und die Straße mit Karnevalsmusik beschallt. Wir halten mit unserer Musik dagegen, so gut es geht, es gibt eine wunderbare Kakophonie. Und auf der Straße grölen die Kinder schon „Kamelle", wie alle um sie herum, und werden auf dieses Stichwort hin von einem Bonbonregen überschüttet. Es regnet auch Rosen, Gummibärchen und Papiertaschentücher. Am Ende finden auch wir uns auf der Straße wieder, mit Bären, Hasen, Avatars und Sonnenblumen zu einer Polonaise vereint, und singen die neugelernten Lieder mit, bis die Kehrmaschine kommt. Manchmal, im Sommer noch, tauchen in den Sofaritzen Konfetti oder vergessene Haribotütchen auf, und wir schütteln ein wenig verwundert den Kopf über diese Anarchie, die wie ein Sturm über uns kommt, Jahr für Jahr.

Das ganz feine Würstchen

Wiener bestehen meist aus Schweinefleisch, veredelt mit einer – bisweilen homöopathischen - Dosis Kalbfleisch, und kommen in der Regel nur paarweise vor, durch ihre Pelle miteinander verbunden wie siamesische Zwillinge: Ein Würstchen gleicht wie das sprichwörtliche Ei dem andern. Im Gegensatz zur dickeren, ein wenig plump und proletarisch daherkommenden Bockwurst bezeichnet man die Wiener auch nicht als Wurst, sondern als Würstchen, was streng genommen eine Abwertung ist. Man nimmt sie nicht für voll. Süddeutsche und Schweizer sagen jedoch schlicht und zärtlich Wienerle, beziehungsweise Wienerli. Kommt ein Wienerle alleine daher, nennen die Wiener es hochtrabend Einspänner. Das lässt uns gleich an ein Kaffeehaus mit eben dieser Kaffeespezialität und näselnde Kellner denken. Allerdings sieht so ein nackter Einspänner auf dem Porzellanteller ein wenig verloren aus. Da hilft auch die beiliegende Semmel nicht, die zudem im Wiener Kaffeehaus auch noch extra berechnet wird.

Wirklich zu sich selbst kommen die Wiener – also die Würstchen, die Einwohner vielleicht auch - im Strandbad. Genossen auf einer schattigen Liegewiese auf einem Pappteller mit Senf und Brot, oder auch Samstagabends beim Fußball.

Wiener machen keine Mühe, man muss nicht extra den Grill anwerfen und die Nachbarschaft mit Rauch vernebeln, man kann sie einfach aus einem Topf mit heißem Wasser ziehen. Ein echtes Wienerle knackt beim Reinbeißen, deshalb holt man sie am besten frisch aus der Metzgerei. Aus dem Glas taugen sie höchstens für Kartoffelgulasch.

Im Allgemeinen gelten die Wiener ja als ein leutseliges Volk. Man könnte meinen, sie müssten stolz auf die nach ihnen benannte Würstchen sein. Trotzdem weigern sie sich, Wiener Würstchen in ihrer Stadt zu verkaufen und nennen sie einfach Frankfurter. Darin gleichen die Wiener den Berlinern, die - zum Erstaunen ihrer Besucher aus dem Rest der Bundesrepublik - die nach ihnen benannten marmeladegefüllten Teigballen stoisch Pfannkuchen nennen. Aber immerhin schieben sie das fettige Gebäck keiner anderen Stadt in die Schuhe.

Italien auf der Zunge

Ich war noch nie in Neapel, aber ich stelle mir den Charakter seiner Bewohner ähnlich wie das gleichnamige Gebäck vor, die süßen geschichteten Waffeln, gefüllt mit Zitronen- oder Nougatcreme.

So ein Neapolitaner ist leicht, er schmilzt nicht in der Sonne, sondern erst auf der Zunge und schmeckt am besten zu Espresso oder Eis. Man kann eine Packung Neapolitaner überallhin mitnehmen, sie passt in jede Handtasche oder den Anorak. Allerdings sind die Waffeln empfindlich. Bei zu viel Druck zerbröseln sie. Aber vielleicht gehören ein wenig Brösel auch zum neapolitanischen Lebensstil. Niemand stört sich daran, wenn Spatzen die Brösel von den Tischen picken, man lächelt darüber und freut sich daran.

Neapolitaner kauft man nicht einzeln, sie liegen sorgfältig in rosa Silberpapier neben- und übereinandergeschichtet. Vielleicht ähneln sie darin den Bewohnern Neapels, die gesellig sind, auch wenn man dort etwas beengt leben muss.

Florentiner sind das Gegenteil. Es gibt sie einzeln in einer Konditorei zu kaufen oder beim Bäcker. Sie liegen wie Kunstwerke auf einem silbernen Tablett in der Auslage, runde honigsüße Mandeltaler auf einer dünnen Schicht geriffelter Schokolade. Allerdings bleibt die Schokolade in der sommerlichen Hitze gern an den Fingern kleben, man sollte sie deshalb am besten an einem kühlen Ort essen oder am besten überhaupt erst wieder an Weihnachten.

Neapolitaner sind sich nicht zu fein für den Supermarkt und sie sind das ganze Jahr über zu haben. Bei einem Neapolitaner weiß man was man hat, jeder kennt die Verpackung und niemand käme auf die Idee, Neapolitaner zu backen, auch wenn es selbst dafür Rezepte im Internet gibt. Beim Florentiner ist das anders. Einen Florentiner zu backen gilt als Kunst. Es gibt tausend Rezepte. Zucker statt Honig? Margarine oder Butter? Mit oder ohne Schokolade? Statt Talern lieber ein Häufchen gekrönt mit kandierten Früchten? Nur eines steht fest: Ein echter Florentiner kommt niemals aus der Fabrik. Eines jedoch haben beide gemeinsam: Sowohl in Florenz als auch in Neapel ist das gleichnamige Gebäck ziemlich unbekannt.

Italienisches Ostergelage

Wer am Ostersonntag im Süden Italiens eine Trattoria sucht, tut gut daran, rechtzeitig vorzusorgen, denn zum Mittagessen ist jeder Stuhl, jeder Barhocker, jeder noch so kleine Katzentisch reserviert. Und da italienische Familien immer ein ganzes Ostermenu bestellen, wird keiner einen Tisch bekommen, der es nicht genauso macht. An der Anzahl der Gänge lässt sich zumindest in Süditalien nichts drehen. Warme und kalte Antipasti, Primo und Secondo sind das mindeste. Gerne werden, nachdem man sich schon eine Parmigiana, einen deftigen Aubergineauflauf, und diverse Nudelgerichte einverleibt hat, zum zweiten oder gar dritten Hauptgang in Speck gewickelte Würste gereicht. Marzipanlämmer, Tiramasu oder eine Cassata kommen zum Dessert.

So ein Gelage braucht nicht nur einen geräumigen Magen, sondern auch Geduld, denn es kann sich locker über Stunden hinziehen. Einen Gang auszulassen, entspannt zwar den Magen, aber es beschleunigt das Ganze nicht, denn man muss doch warten, bis das ganze Restaurant aufgeholt hat. Und da sich italienische Familien gerne lautstark und fröhlich unterhalten, kommt in den gemauerten Gewölben einer vollgepfropften Trattoria eine hübsche Lautstärke zustande. Draußen zu essen ist am Ostersonntag zwar möglich, nicht selten aber macht ein Frühjahrsschauer diesen Plan zunichte.

Am Ostermontag ist das übrigens anders. An diesem Tag zieht die ganze Bagage ins Freie. Und das bei fast jedem Wetter. Voraussetzung ist, dass man mit dem Auto zum Picknickplatz vorfahren kann. Denn ein paar Butterbrote im Wanderrucksack tun es nicht. In der Regel ist der Kofferraum ziemlich vollgestopft: Nicht nur den Picknickkorb mit Geschirr, Besteck, Gläsern, belegten Brötchen, Salami, den ersten Erdbeeren, Weinflaschen und eingelegtem Gemüse gilt es zu packen. Eine Picknickdecke, ein Stühlchen für die Nonna und Spiele für den Nachwuchs müssen ebenfalls ins Gepäck. Als Kleidung empfiehlt sich auch bei strahlendem Sonnenschein ein Daunenanorak, denn es ist noch frisch.

Montagabend wird es in den Küstenstädten eng, und von Glück kann sagen, wer noch einen Parkplatz gefunden hat, denn an der sogenannten Pasquetta, dem „Österchen", finden sich Kind und Kegel auf dem Corso zum Osterspaziergang ein. Man flaniert mit seinen Liebsten die Hauptstraße auf und ab, schön herausgeputzt, hält hier und da einen Schwatz, begutachtet gegenseitig die neue Frühjahrsmode und tauscht sich über die Neuigkeiten aus. Die Bars übertreffen sich mit ihrem Angebot von „stuzzichini", warmen und kalten Vorspeisen, zum Aperitif, und wer noch immer nicht genug hat, kann zu später Stunde noch einmal essen gehen. Diesmal darf es auch nur eine Pizza sein.

Russland schmecken

Wir waren von einem Ausflug mit Äpfeln zurückgekommen, da fiel mir beim Blättern im Backbuch ein Zettel in die Hand. "Pirog Wulfowski" stand darauf, daneben die in Eile gekritzelten Zutaten eines Rezepts ohne Mengenangaben: Blätterteig, Smetana oder fetter Quark, Äpfel, Zimt und Honig. Noch während ich las, sah ich das lichte Holzhaus mit den rotweiß bestickten Vorhängen wieder vor mir und hatte die Stimme einer resoluten Russin im Ohr, die mit einem etwas zu hohen theatralischen Ton zu uns sprach.

Unter ihrer Regie formten wir in einer „Masterklass" Fleischküchlein nach Art der Fürsten Poscharski, bis die Dorffrauen Apfelkuchen servierten, der die fürstlichen Frikadellen um Längen schlug. Das Rezept hatte ein Herr Wulfow hinterlassen, ehemals fürstlicher Koch – vermutlich ein Deutscher, der einst in einem Restaurant an der Landstraße herrschaftliche Gäste auf der Durchreise von Moskau nach Petersburg bekochte.

Und während ich nun vorschriftsmäßig die Äpfel in Zimt und Honig dünste, ist auf einmal der Duft jenes Sommertags wieder da, mit seinen flirrenden Spinnenfäden im Spätsommerlicht und dem fauligen Geruch nach überreifem Obst. Ich sehe die Jugendlichen vor der Klostermauer ihre Kunststückchen auf klapprigen Fahrrädern drehen und frage mich zugleich, ob diese Erinnerung nicht am Ende aus einem frühen Roman Nabokovs stammt und seinen Beschreibungen der russischen Provinz? Zumal dieses Städtchen wirkte wie aus einem russischen Roman. Ein Flüsschen mäanderte zwischen steilen Flussufern hindurch, ein paar Angler hockten auf einer Brücke, eine Zeile von alten Steinhäusern aus der Zarenzeit war hinter Gebüsch am gegenüberliegenden Ufer zu sehen. Und natürlich gab es ein Kloster. Mit drei Kirchen. Und einem Glockenturm. Umgeben von einer hohen Mauer, die schon zum Fluss hin abrutscht. Der Innenraum der größten Kirche war erfüllt von Weihrauch und Honigkerzenduft, und auf einer frisch gezimmerten Ikonenwand schimmerten dunkel die Gesichter der Heiligen. Wie viele Mönche dort lebten, wusste keiner genau, auch nicht unsere Begleiterin, eine pensionierte Deutschlehrerin. Vier, fünf oder gar zehn? Fürstliche Sponsoren gab es nicht mehr. Aber eine Fabrik für Goldstickerei hat die Sowjet- und Wendezeit überlebt.

Früher wurden hier Posamente bestickt, kostbare Hauben und Mäntel für Priester und Bischöfe, später dann Hammer und Sichel im goldenen Ährenkranz. Heute werden vor allem Epauletten für Galauniformen gestickt. Auch ein

Portrait von Putin war im kleinen Schauraum der Fabrik ausgestellt, in Silber und Gold auf schwarzem Samt. Gearbeitet wurde auf Bestellung. In Handarbeit! Für eilige Kunden gab es im Laden immerhin Täschchen aus schwarzem Samt mit Gold- oder Silberstickerei. Eines hatte ich gekauft und wegen des Etiketts „Torschoker Goldstickerei" den Namen des Städtchens auch nie vergessen.

Was wohl aus diesem Restaurant geworden ist? Für wen kochen sie nun, die alten Damen, wenn keine Touristen mehr kommen? Torschok ist vermutlich in seinen Dornröschenschlaf zurückgekehrt. Der Kuchen nach dem kryptischen Rezept aber schmeckte genauso köstlich wie in meiner Erinnerung.

Ist der Sack verbrannt, kann der Frühling beginnen

Berliner war am Rosenmontag ausverkauft, jene süßen, meist mit Marmeladen gefüllten Krapfen, manchmal auch mit Eierlikör, die über die Carnevalstage im Rheinland verzehrt werden.

Auch die russische Maslenitza, der russische Carneval, hat seine süße Seite: Bliny. Das sind kleine buttertriefende Pfannkuchen, deren runde Form die Sonne symbolisieren soll. Je mehr Bliny man in der Butterwoche - so heißt übersetzt die Maslenitza - verschlingt, desto eher kommt der Frühling.

Die erste Runde gab in der Regel die Schwiegermutter aus. Sie hatte für den Schwiegersohn, Freunde und Verwandte Berge von Pfannkuchen zu backen. Sogar in der spaßbefreiten Sowjetunion. Während die Kirche es bei Ermahnungen beließ, verboten die Sowjets die Maslenitza schon gleich nach der Oktoberrevolution. Keine Spottlieder mehr auf gehörnte Ehemänner und Zaren, keine Gelage, Besäufnisse, Raufereien. Keine Maskenumzüge, Jahrmärkte und Schlittenberge mehr. Der Pfannkuchen jedoch ließ sich nicht verbieten – auch wenn die Sowjets statt anarchischer Frühlingsbräuche den Internationalen Frauentag einführten. Am 8. März bekamen Bräute, Ehefrauen, Mütter und Schwiegermütter von ihren Männern, Söhnen und Kollegen einen Strauß roter Nelken überreicht, Loblieder wurden gesungen auf die treue Ehefrau und tapfere Sozialistin. Anschließend stand die Gepriesene am Herd, um ihre Männer zu bekochen.

In der alten Maslenitza aber kehrten sich die Verhältnisse um. Die Schwiegertochter entkam dem Regiment der Schwiegermutter für ein paar Tage und kehrte ins Elternhaus zurück. Alte Männer und Frauen vertauschten die Rollen und spielten die Ehezeremonie als Persiflage. Spottlieder wurden gesungen, Eisfestungen errichtet und von jungen Männern und Frauen im Sturm erobert. Am Ende der Butterwoche trafen sich die Frauen in Nordrussland in einer Isba und stopften einen alten Anzug aus. Auf einen Strohsack wurde mit Kohle Augenbrauen und Schnurrbart aufgemalt, dem Typen eine Mütze aufgesetzt und eine große Karotte zwischen die Beine gesteckt. Sie tauften den guten Mann auf den Namen eines bekannten Weiberhelden, sangen rituelle Trauerlieder, überschütteten ihn mit losen Sprüchen und trieben ihren Spaß mit ihm. Anschließend wurde der Verspottete auf einen Schlitten gepackt und draußen im Schnee unter dem Gelächter des Dorfes verbrannt. Das Eis schmolz unter der Asche und der Frühling begann.

Mit der Wende kehrte die Butterwoche in die Städte zurück und ist in der Putinzeit ein offizielles Volksfest geworden. Die Kinder haben schulfrei. Man fährt mit dem Pferdeschlitten durch verschneite Parks, baut in den Innenstädten Schlittenberge, Mädchen und Frauen tanzen Reigentänze im roten Sarafan. Auf den Seiten der Orthodoxen Kirche kann wer will Bliny-Rezepte herunterladen – allerdings verbunden mit der Ermahnung, die Maslenitza sei ein Fest der Versöhnung. Sie diene der Vorbereitung auf das große Fasten und sei kein Anlass, zu feiern und dabei Kopf und Anstand zu verlieren.

Noch sind die Festlichkeiten in Russland nicht abgesagt. Womöglich ist es gefährlicher für das Land, wenn alle gemeinsam zu Hause am Ofen sitzen und Berge von Pfannkuchen verspeisen. Statt Eisschlösser zu bauen und Folklorechören zu lauschen, surfen sie womöglich durch Putins Palast am Schwarzen Meer und träumen davon, ihn zu erstürmen oder wenigstens ein Selfie von sich aus dem Palast auf Instagram zu posten.

Dieses Jahr fällt der Beginn der Maslenitza zusammen mit dem 8. März, dem Internationalen Tag der Frau. Vielleicht kehren sich endlich die Verhältnisse um. Die Ehemänner, Schwiegerväter, Kollegen, Söhne und Onkel stehen am Herd und backen Pfannkuchen, während die Frauen ihre

Strohpuppen stopfen und ihnen den Namen Wladimir geben. Dann kann der Frühling kommen.

Belarus so schön

Seit neuestem sagen wir zu Weißrussland Belarus. Wollen wir damit Sympathie für das kleine widerständige Volk im Osten ausdrücken, indem wir den dort gebräuchlichen Namen verwenden? Oder nutzen wir den im Auswärtigen Amt verwendeten diplomatischen Begriff, weil es kosmopolitischer und weniger nach Bevormundung klingt als das alte deutsche Wort Weißrussland, obwohl dies doch nur die korrekte Übersetzung ist? Denn bela bedeutet weiß. Und Rusj ist eine altertümliche Bezeichnung für das Land der Ostslawen, von dem sich auch der Name Russlands, Rossija, ableitet. Bela hat also nichts mit dem italienischen Wort bella, für schön, zu tun, auch wenn das in unseren Ohren unwillkürlich mitschwingt. Kleingeister könnten nun anmerken, dass Belarus mit einem weichen e, also Bjelarus gesprochen werden muss und damit schon weniger italienisch klingt. Aber der weißrussische Landesname hat auf kyrillisch auch ein Weichzeichen am Ende und ist feminin! Es heißt also die Belarus. Und ist es denn wirklich ein Zufall, dass tapfere Belarussinnen das alte graue Weißrussland von der Landkarte fegen?

Vielleicht wird mit diesem neuen Namen Belarus nun endlich auch für uns zu einem schönen Land werden. Wir werden belarussische

Kathedralen besuchen und durch belarussische Wälder streifen, in belarussischen Seen baden und belarussische Frauen lieben. Städte wie Witebsk und Minsk werden in einem neuen Klang erstehen, der nicht mehr nach Armut und Plattenbauten klingt, nach Parteikadern und all dem Staub, sondern nach Revolution, Kunst und Musik.

Diesen Klang hat Belarus schon einmal gehabt, als an der Kunstakademie von Witebsk Kasimir Malewitsch mit dem schwarzen Quadrat auf schwarzem Grund das Ende der Malerei erklärte und mit Wasilij Kandinsky um den Beginn der Moderne stritt. Dort werden wir nach den Spuren des versunkenen Shtetl von Marc Chagall suchen, dem einzigen gebürtigen Witebsker unter den dreien. Er hat das jüdische Leben seiner Kindheit auf der Leinwand in pure Poesie verwandelt und ist somit zweifelsfrei Belarusse in seinem neuen revolutionären, poetischen Klang. Der Name Weißrussland hingegen wird uns fortan für immer an alte weiße Männer erinnern, wie Lukaschenko einer ist, der auf Weißrussisch Lukaschenka heißt, denn auch weißrussische Männernamen enden auf a, nicht auf o, wie im großen russischen Nachbarland. Aber damit wäre der Name des bösen Diktators erheblich entschärft und in die Nähe der mutigen und schönen Belarussinnen gerückt.

Auch der Name für Russland, Rossija, ist im Russischen weiblich, und vielleicht wird auch Putin eines Tages, wenn alle Konkurrenten eingesperrt oder vergiftet sind, von tapferen Russinnen gestürzt, die genug haben von einem alternden weißen Mann, der mit freiem Oberkörper auf Bärenjagd geht. Dann werden wir alle voller Sympathie Rossija an Stelle von Russland sagen. Allerdings gibt es auch hier ein kleines Problem. Rossija wird auf der zweiten Silbe betont. Somit wird der russische Vokal o als a ausgesprochen. Es heißt also Rassija. Und sogleich schwingt in unseren Ohren etwas Negatives mit, das wie Rasse oder Rassismus klingt. Dem russischen natürlich, werden wir uns einreden, nicht dem deutschen.

Komm, tanz mit mir, schöne Frau!

Alles beginnt mit einem warmen Bier, serviert nach einem heißen Tag im tiefen Osten Europas im besten Hotel der Stadt. Ein verärgerter deutscher Reisegast lässt es umgehend zurückgehen, nicht ohne die junge Bedienung zusammenzustauchen. Allerdings macht sie von nun an einen Bogen um seinen Tisch. Als der Hauptgang sich dem Ende zuneigt und der Gast immer noch auf dem Trockenen sitzt, ruft er empört nach der Restaurantchefin. Die erklärt, der Kühlschrank sei leider leer. Es gebe nur noch warmes Bier oder gar keins.

Mit der Klimaanlage verhält es sich indessen umgekehrt. Stetig bläst eine kalte Brise von der Decke, bis das Restaurant sich wie ein Kühlschrank anfühlt. Regulieren lässt sie sich nicht. Es gilt: heiß oder kalt. Der Nachbartisch lässt sich von alldem nicht beirren und geht zum Wodka über. Dort lässt sich auch die Bedienung häufiger sehen, allerdings stecken die Herren ihr auch großzügig Trinkgeld zu. Nach den lautstarken Tischreden zu schließen, handelt es sich um eine polnische Geburtstagsgesellschaft. Dann beginnt sich in der Mitte des Saals eine Discokugel zu drehen. Ein Sänger im Glitzerhemd setzt sich ans Keyboard und stimmt bei voll aufgedrehten Boxen einen Popsong an. Damen im fortgeschrittenen Alter lassen sich von ihren Kavalieren auf die Tanzfläche führen. Beschwerden vom deutschen Tisch lassen nicht lange auf sich warten. Die Musik ist Geschmacksache und wird schließlich heruntergedimmt. Daraufhin durchquert ein stämmiger Herr den Saal direkt auf die Deutschen zu. Er lächelt in die Runde, macht eine leichte Verbeugung in Richtung der Damen. Endlich steht eine Mittfünfzigerin beherzt auf und dreht einen schwungvollen Walzer mit ihm.

Nun wäre der Moment gekommen, der Geschichte eine schöne Wendung zu geben. Deutsche Kavaliere könnten ihrem Beispiel folgen und mit Polinnen Boogie-Woogie tanzen. Alle Verständigungsprobleme wären hinweggefegt, man hätte eine Flasche Wodka geteilt, allen wäre warm ums Herz geworden. Aber die beherzte Tänzerin wird schon bald von ihrem Kavalier mit einem Handkuss zum Platz zurückgeführt. Die Gruppe zieht sich auf die Zimmer zurück, findet aber keine Ruhe, denn über Stunden dringt noch das dumpfe bum, bum, bum der Bässe ins Stockwerk darüber.

Vielleicht wäre alles anders verlaufen, wenn die Kellner englisch gesprochen hätten, das Bier kühl und der Tag nicht so heiß gewesen wäre. Wenn ein paar weitere an diesem Abend ihre Unsicherheit über Bord geworfen und sich zum Klang polnischer Schlager auf die Tanzfläche gewagt hätten. Und viele Jahre später würden wir immer noch davon erzählen, wie mit einem warmen Bier ein wundervoller Abend begann.

Stadt der Fantasten

Das strahlende Blau der Newa, in dem sich im Sommer die prachtvollen Paläste spiegeln, ist zu einem bleiernen Grau geworden. Nur noch wenige Stunden am Tag taucht die Sonne knapp überm Horizont auf, feuchter Nebel kriecht unter die Kleider. Man muss nur genügend Durchgänge durchqueren und mit jedem Hof werden die Fassaden grauer, die Fenster verstaubter. Bald tauchen dunkle Gestalten aus dem Nebel auf, wie Gestalten aus Dostojewskis Romanen. Und zu allem Überfluss steigen die Covid-Ansteckungen von Tag zu Tag.

Einer meiner ersten Spaziergänge in der Stadt führte mich Anfang der Neunziger Jahre zum „Sennaja Ploschad", dem Heumarkt, dem vielleicht berühmtesten Schauplatz aus Dostojewskis Romanen. Raskolnikow, der Held aus Verbrechen und Strafe, lebt hier. Von dessen Studentenzimmer bis zum Haus der Pfandleiherin, die der innerlich zerrissene Held ermordet, sind es genau 730 Schritte. Ganz Petersburg erschien mir damals fantastisch und surreal.

Heute sind die Fassaden am Heumarkt saniert, ein klotziges, gläsernes Kaufhaus wurde gebaut, moderne Straßenbahnen fahren über den Platz. Anstelle der von den Sowjets gesprengten Kirche steht eine Metrostation. Mehrspurig nebeneinander laufende Rolltreppen führen steil in die Tiefe, weit unter das morastige Flussdelta, auf dem die glänzende Stadt erbaut wurde. Zu Stoßzeiten schaltet die Wächterin in ihrem kleinen Kabuff am Fuße der Treppe das Tempo auf doppelte Geschwindigkeit.

Aber vielleicht sind Dostojewskis Romane kein Portrait der Stadt und ihrer Bewohner, sondern diese verwandeln sich selbst in dostojewskische Figuren: trunksüchtig und hellsichtig, hysterisch und überspannt. Je mehr sich die äußere Realität damals auflöste, desto mehr blühten die Phantasmen. Während manch einer meiner Moskauer Bekannten Geschäfte aus dem Chaos schlug, herrschte in Petersburg eine Atmosphäre fiebriger Exaltiertheit. Meine Vermieterin tapezierte Türen, Kühlschrank und Regale mit Bibelzitaten. Freunde pilgerten auf der Suche nach dem „wahren" Russland in entlegene Dörfer, klagten einander gegenseitig des Verrats an ihren Idealen an, wurden Mönche oder Rockmusiker. Mein Freund, der mich durch Petersburg geführt hatte, war manchmal tagelang nicht zu erreichen, ob wegen Lektüre oder wegen des Wodkas, war schwer zu unterscheiden. Er schlug sich mit dem Verfassen von Lebensratgebern für Hausfrauen durch.

Nachmittags auf dem Weg zu ihrer kranken Mutter wurde eine Frau erschlagen, hinterrücks und brutal wie die Pfandleiherin aus Dostojewskis Roman. Sie hieß Larissa Michailowna, trug selbst im sumpfigsten Dorf noch Pumps und war eine geachtete Wissenschaftlerin. Aus dem fauligen Nebel der Neunziger Jahre ist Putins Russland entstanden. Sein Machtzentrum ist Moskau. Petersburg aber gehört weiterhin den Träumern und Fantasten.

Leise nieselt der Schnee

Laut Wikipedia ist Nieselregen eine Form von Niederschlag, bestehend aus Tröpfchen mit einem Durchmesser von weniger als 0, 5 Millimeter. Er fällt nicht, er nieselt aus einem bleigrauen Himmel auf uns herab. Teilweise kann er Stunden oder mehrere Tage lang andauern – besonders im Rheinland. Aber auch in den Alpen. Kommt etwas Wind dazu, nennt man den Niesel- auch Sprühregen. Dann ist er besonders fies. Er hat keine Richtung, kein Ziel, er ist einfach überall. Da hilft nicht einmal ein Schirm. Man unterscheidet leichten, mäßigen und starken Sprühregen, was anhand der Niederschlagsintensität in Millimeter festgelegt wird. Nieselregen kann die Sicht nicht nur im Straßenverkehr deutlich beeinträchtigen. Er reicht sogar für Blitzeis aus. Noch unbeliebter ist Nieselregen bei Skifahrern. Wenn sich die Schneeflocken langsam verflüssigen und aus einem sanften Rieseln ein leichtes Nieseln wird, verwandelt sich das Winterwunderland in einen tristen schmutzig-grauen Hang. Meist kriecht dazu noch Nebel aus den Tälern herauf, die Sichtweite reicht gerade mal bis zu den eigenen Füßen, und man tastet sich entlang roter Warnschilder, die vor einem unsichtbaren Abgrund warnen, die Piste hinab.

Natürlich hat die Menschheit zumindest auf der

nördlichen von Nieselregen geplagten Halbkugel Maßnahmen ergriffen. Ich meine jetzt nicht die Slogans der Bekleidungsindustrie. „Es gibt kein schlechtes Wetter, nur..." Was hilft uns denn die beste atmungsaktive, wasserfeste, in Weltraum-technik erprobte Membran, wenn der Nieselregen sich wie eine unsichtbare Haut auf unser Herz legt? Nicht einmal ein Friseurbesuch kann die Stimmung retten, denn schon nach wenigen Metern Außenkontakt kräuselt sich das Haar, als hätte es nie ein Glätteisen gesehen. Brillenträger sehen ohnehin nur noch durch einen Film feinster Tropfen die Welt. Auch Flüge an die Sonne sind nur Rettung auf Zeit, denn schon am Flughafen von Frankfurt oder Düsseldorf holt einen der Nieselregen wieder ein. - Außer man wandert gleich aus, am besten in ein nieselregen-freies Land.

Ein Nieselregen ist nichts Halbes und nichts Ganzes. Ihm fehlt das Überraschende eines plötzlichen Regengusses und die Dramatik eines Sommergewitters. Er inspiriert keine Dichter. Auch zur Romantik taugt er nicht. Vor einem Nieselregen flüchtet sich niemand unter ein schmales Vordach, um dort vielleicht eng aneinander gedrängt der Frau seines Lebens zu begegnen – oder zumindest ein paar gute Witze zu hören. Kein Gentleman bietet seinen Schirm – oder sein Jacket - einer Schönen wegen ein bisschen Nieselregen an. Nicht einmal die Portiers vor den Fünfsterne-Hotels zücken bei tagelangem Nieselregen noch den Schirm. Würde jemals Fred Astaire im Nieselregen tanzen? Ein Nieselregen taugt höchstens für ein Melodram. Und dann auch nur für eines von der ganz trüben Sorte.

Was also tun? - Engländer, so heißt es, begegnen diesem Phänomen mit Nichtbeachtung und Stoizismus. Russen und Finnen haben die Sauna erfunden und besaufen sich da. Norweger und Dänen auch – aber ohne Sauna. Die Franzosen essen und trinken stundenlang. Die Italiener treffen sich statt zum Corso zum Gesellschaftsspiel. Und die Deutschen? Wir haben das Weihnachtslied. Tapfer singen wir Jahr für Jahr „Leise rieselt der Schnee", obwohl draußen nur Regen vom Himmel nieselt.

Eis.Kunst.Lauf.

Jeder Auftritt ist eine Kunst. Das richtige Outfit, das keineswegs übertrieben sein soll, das richtige Maß an Selbstbewusstsein, ein Lächeln, das nicht verrät, dass man sich womöglich den Einlass zu diesem Empfang nur durch die Hintertür erschlichen hat. Aber selbst wenn sich in meiner Hand- oder Jackettasche ein ganzes Bündel der begehrten Einladungen findet, bleibt die wichtigste Frage: Wie komme ich ohne Hals- und Beinbruch hin?

In Berlin kann schon der Weg von der Haustür zum Taxi eine sportliche Herausforderung sein, weil dazwischen eine solide Eispiste liegt, in die nicht einmal mehr Pfennigabsätze Löcher bohren können. Am Schlimmsten aber trifft es das Fußvolk der Filmschaffenden, das sich kein Taxi leisten kann, zumindest nicht jeden Abend dieser ganze zehn Tage dauernden Veranstaltung. Man könnte schlimmstenfalls auf öffentliche Verkehrsmittel angewiesen sein! Da hat man sich die begehrten Einladungen für die Empfänge beschafft und will nun nicht gerade mit Skihelm oder wie Reinhold Messner auf Polarexpedition erscheinen - es sei denn, man hat gerade einen Bergfilm gedreht.

Wo sind bloß die schwäbischen Zuwanderer geblieben, die Berlin angeblich zu Tausenden bevölkern, fragt sich der arglose Filmtourist. Haben sie ihr Kehrwochenschild samt Schneeschaufel in Süddeutschland im Treppenhaus vergessen, um in Berlin ihren Anarchismus auszuleben und uns auf die Nase fallen zu lassen? Rächen sie sich so an dem jahrelangen Spott, den sie für ihren Bürgersinn ertragen mussten? Sind etwa sämtliche Berliner Hauswarte samt der Stadtreinigung so filmbegeistert, dass sie die ganzen zehn Tage im Kino verbringen, während draußen Berlin in Eis und Schnee versinkt wie New York im Klimathriller von Roland Emmerich?

Die Stars - so viel ist klar - weichen keinen zentimeterbreit vom Roten Teppich ab, denn rechts und links davon lauern nicht nur die Fans, sondern die gefährlichste Piste jenseits der schwarzen Abfahrt von Kitzbühel. Passend zum Wetter werden auch jedes Jahr die düstersten Filme für den Wettbewerb ausgesucht, als wolle sich Berlin damit auch ohne Mauer beweisen, dass es das existenziellste aller Festivals besitzt.

Im letzten Berlinalejahr ging das Gerücht um, Tschibo verkaufe Spikes. Binnen Stunden waren sämtliche Läden in Berlin ausverkauft. Männer trugen die mit Nägeln gespickte Sohle unter glanzpolierten Lederschuhen, selbst unter Pumps waren Spikes angeschnallt. Pech, wer keine mehr abbekam, noch ärmer dran, wer daraufhin auf einer Eisplatte ausrutschte.

Vielleicht ist dieses Jahr alles anders. Vielleicht gibt es Tauwetter, die Tulpen blühen, und Sportgeschäfte und Boutiquen haben vergeblich aufgerüstet mit Skisocken und Spikes. Vielleicht hat die Stadt Berlin auch statt in den Flughafenbau in die Schneeräumung investiert. Das würde zumindest einiges erklären. Darauf sollten Sie aber nicht bauen. Am sichersten ist, das Kino - sind Sie einmal drin - gar nicht mehr zu verlassen. Dann kann Ihnen nichts passieren.

Freitag abends in Cagliari

Assunta kommt immer zu spät. Immer hat sie etwas Neues, Interessantes zu erzählen. Und sowas dauert eben länger. Typisch Italienisch, sage ich, und sie lacht. Wir unterhalten uns nämlich gerade über italienische Stereotypen. David, Anja, Assunta und ich treffen uns immer freitagabends. Vielmehr: Bei mir in Bonn ist Freitagabend, bei David in Ohio scheint die Sonne ins Zimmer und Anja in Kingston hat gerade Mittagspause. Bei Assunta in Cagliari jedoch herrscht rabenschwarze Nacht. Sie hat sich nämlich nicht die Mühe gemacht, beispielsweise eine meerblaue Hintergrundlandschaft auf ihren Bildschirm zu zaubern. Aber das macht nichts. Wenn ich ihrer melodischen Stimme lausche, taucht das Meer trotzdem aus meiner Erinnerung auf. Das mag an ihren lebhaften schwarzen Augen liegen. Ihr dunkler Haarschopf ragt von unten in den Bildschirm. Über ihr ist eine Menge Schwarz, obwohl sie gerade sagt, dass nach Monaten von Online-Konferenzen es immer noch die wenigsten schaffen würden, ihren Kopf mittig im Bildschirm zu platzieren. Aber Assunta hat einfach zu viel Temperament, um auf so was zu achten. Sie unterrichtet an der One-World-School in Cagliari auf Sardinien. „Italienische Konversation für Fortgeschrittene" heißt unser Kurs.

Das erste neue Wort, das ich lerne, ist „la scherma", der Bildschirm. Er ist in Quadrate geteilt, so dass wir uns alle sehen können. Wir sind nur drei Schüler, das macht die Unterhaltung leicht. Nur ein bisschen Selbstbeherrschung braucht es, dem andern nicht ins Wort zu fallen. Aber das haben wir ja alle in den letzten Monaten geübt. Heute unterhalten wir uns über einen sardischen Film, und während wir drei Frauen uns über den Machismo italienischer Männer austauschen, hält David sich höflich zurück. David ist Professor in Ohio. Er unterrichtet seit Monaten online, aber er sagt, es mache ihm nichts aus. Davids Vorfahren stammen aus Kalabrien. Er hadert mit der amerikanischen Politik und würde am liebsten von heute auf morgen nach Italien ziehen. Assunta verrät uns, dass man in den unzähligen verlassenen Dörfern Italiens Häuser für einem Euro vom Staat kaufen kann – vorausgesetzt man verbringt mehr als die Hälfte des Jahres im Dorf. Aber leider kaufen diese Häuser fast nur Ausländer. David erwidert, wenn er schon nach Italien ziehe, wolle er doch unter Italienern leben!

Natürlich könnte ich auch in meiner Stadt Italienisch lernen. Aber so verreise ich jeden Freitagabend ein bisschen. Während wir uns unterhalten, tauchen die Bilder Sardiniens vor meinen Augen auf. Ich habe dort vor Jahren einen wunderschönen Urlaub verbracht und nun erinnere ich mich wieder an den Garten voller Agaven und Feigenkakteen, der unser Ferienhaus umgab. Das Haus war nur ein schlichter Betonkubus, aber inmitten dieses Gartens, mit Blick über eine Kalksteinmauer und den Pinienwald aufs leuchtendblaue Meer, erschien es uns wie ein Palast. Ich erinnere mich an die große Hitze, die sich über alles legte, so dass man ohne schlechtes Gewissen lange Nachmittage einfach verdösen konnte, um dann am Abend erst wieder richtig munter zu werden. Deshalb habe ich mich an diesen Konversationskurs angemeldet. Ich habe einfach Sehnsucht nach Italien gehabt.

Anja ist es ähnlich ergangen. Sie ist Psychotherapeutin, aber Patienten kann sie seit Monaten nur noch online empfangen. Sie ist Deutsche, lebt aber seit langem im Osten Canadas. Das ist ohnehin weit weg, und jetzt ist Italien in noch weitere Ferne gerückt. Selbst ein Cottage an einem stahlblauen See in den Wäldern Ontarios ist auf Dauer kein Ersatz. Ehrlich gesagt hat sie mich auf die Idee zu diesem Kurs gebracht. Wir kennen uns nämlich schon lange, aber zum ersten Mal seit unserer Studienzeit haben wir nun wieder jeden Freitag eine Verabredung. Nur diese Woche fällt aus, denn in Cagliari ist Fest des Stadtpatrons. Seine Kirche ist mit vielen bunten Lämpchen geschmückt. Statt eines Festes auf der

Piazza gibt es zu Hause bei Assunta ein Tischfeuerwerk. Mehr ist in Zeiten der Pandemie nicht drin.

Natürlich haben wir schon eine Reise geplant, nach Cagliari natürlich. Wir werden zusammen durch die Gassen schlendern, Assunta auf ein Eis treffen, oder noch besser, sie zum Essen einladen. In ihr Lieblingsrestaurant. Und vielleicht findet David doch noch eine Wohnung für sich, in einem dieser geduckten Häuser an der Piazza, direkt neben der Bar mit den Plastikstühlen, wo sich ganz sicher Italiener treffen.

Beinaheabsturz

Schon Beinahe-Unfälle können traumatisieren. Ich habe das in einem Artikel gelesen. So ein Trauma kann jeden Moment geschehen. Wissen Sie denn, wann und wo Sie schon um Haaresbreite am Tod vorbeigeschlittert sind? Kürzlich war ich beim Skifahren und saß im Sessellift. Es war ein 4er Sessel, ich saß allein darin, wegen des schlechten Wetters blieben die meisten auf der Mittelstation. Das hätte ich auch tun sollen. Denn auf halber Höhe zwischen Mittel- und Bergstation blieb der Sessel stehen, genauer gesagt hängen. Wenn man so allein zwischen Himmel und Erde ist, macht man sich seine Gedanken. Erst einmal lässt man seinen Blick schweifen, über die regelmäßigen oder unregelmäßigen Wedelspuren, die im Tiefschnee die Hänge zeichnen. Mit den Augen sucht man die Piste ab, beobachtet einzelne Fahrer, bewundert oder belächelt sie, begutachtet schwierige Stellen, Felsnasen, die aus dem Tiefschnee ragen. Immer öfter jedoch wandert der Blick direkt nach unten. Wie hoch hänge ich hier? Fünfzig Meter vielleicht? Der Wind wird stärker. Es schaukelt. Nach zehn Minuten frieren die Füße ein. Auch die Hände sind kalt und Handytasten kaum mehr zu bedienen. An der Nasenspitze bilden sich Eiszapfen, kleine Eiskristalle kleben im Gesicht. Die vor mir sind wenigstens zu viert. Allmählich wird es hier oben ungemütlich. Zum Springen ist es definitiv zu hoch. Das schafft nicht mal Daniel Craig. Obwohl er angeblich um fünf Uhr morgens aufsteht und trainiert.

Kürzlich habe ich ein Interview mit einem Pärchen gelesen, das beim Zeitunglesen ein Trauma erlitt. Der Pilot ihres Heimfluges sei bei der Landung fast bewusstlos geworden, weil mit der Kabinenluft etwas nicht stimmte - was erst jetzt an die Öffentlichkeit kam. Es habe damals keine Notlandung gegeben, versicherten sie, niemand habe etwas gemerkt, das sei ja gerade das Erschreckende! Sie verglichen Flugnummer und Flugzeit, auf die Gewissheit folgten der Schock und das Interview: Wir sind beinahe abgestürzt und wussten es nicht einmal!

Auch mein Mann ist einmal beinahe abgestürzt. Er war vielleicht fünf, es war sein erster Bergurlaub im Sommer in Berchtesgaden, als er mit seinem Vater im Sessellift hängen blieb. Sein Vater hatte Höhenangst, er hielt den Fünfjährigen auf dem Schoß und zwang sich die ganze Zeit, Witze zu erzählen, um von seiner eigenen Angst abzulenken. Danach ist die Familie nur noch an die Ostsee gefahren. Deshalb sitze ich jetzt alleine im Lift.

Der Schneefall ist inzwischen so dicht, dass man die Piste nicht mehr sieht. Springt man eigentlich mit oder ohne Ski? James Bond hat sie dran gelassen. Die vor mir rufen mir zu, irgendwo in Österreich hätten sie ein Pärchen die ganze Nacht im Lift vergessen. - Haben die es überlebt? - Als ihnen klar war, dass niemand mehr kommt, sind sie gesprungen! - Im Ernst? - Nur die Frau. Sie hat sich dann mit gebrochenem Bein zur Bergstation geschleppt. Da gibt es ein Notruftelefon. - Hatten die kein Handy? - Anscheinend nicht! - Wieso ist eigentlich nur die Frau gesprungen? - Die Antwort verliert sich im Schneegestöber.

Der Schnee wirkt weich. Jetzt sieht es gar nicht mehr so hoch aus. Die vor mir haben einen Stock abgeworfen. Ich glaube, sie testen die Höhe. Wenn ich überlebe, werde ich auch ein Interview geben. Ich werde sagen, ich bin beinahe gesprungen. Es war ganz leicht: Meine Skier baumelten schon in der Luft. Ich bin ein Stück nach vorn gerutscht, habe den Bügel angehoben, mich nach vorne gebeugt - genau in dem Augenblick, als der Lift mit einem Ruck wieder zu laufen begann. Ich hatte beinahe keine Angst.

Dank an Petra Pickschun für die schönen Grafiken, Stephan Weidt für seine Unterstützung bei der Buchblockgestaltung und Marianne Beier für ihre Kreativität beim Umschlagentwurf in letzter Minute.

Bibliographische Information der Deutschen Nationalbibliothek:
Die deutsche Nationalbibliothek verzeichnet diese
Publikation in der Deutschen Nationalbibliographie;
detaillierte bibliographische Angaben sind im Internet über
http:// dnbdnb.de abrufbar

© Ulrike Maria Hund, Text
Druckgrafiken: Petra Pickschun
Umschlag: Marianne Beier

Herstellung und Verlag:
BoD – Books on Demand, Norderstedt
3., erweiterte Auflage, 2023

ISBN: 9 783 758 310 126